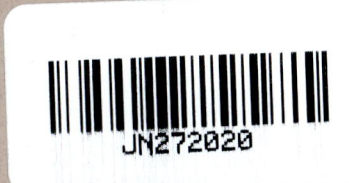

大学生のための 法学トレーニング

大林啓吾／岡田順太／白水　隆［編著］

テキスト

三省堂

装幀

(有)オーポン　五味崇宏

はじめに

● 本書の目的と構成

本書は、法学を題材に、大学の授業に必要不可欠な基礎技法を学ぶことを目的とします。法学というと、専門職に就きたい人だけが学ぶようなイメージがありますが、そもそも法学部の学生でも、全員が法曹や公務員になるわけではありません。法律の専門家にならなくても、大学で勉強した法学は社会に出てから役立つことがあります。そこで、法学部の学生のみならず、他学部の学生でも、日常生活において法的思考や法的知識が役立つように法学を学んでいける内容の本を作れないかと思い、本書を作成することにしました。

大学では、授業の受け方、ノートのとり方、テスト勉強の仕方など、勉強方法について、自分で知ろうとしなければ誰も教えてくれません。サークルなどに入り、いい先輩にめぐりあって教えてもらうのも一つの手ですが、その勉強スタイルには個人差があるでしょう。そこで、「大学入学前にあらかじめ勉強方法について取り組んでおきたい」という方、「法学部に入ったはいいけれど大学での学び方がよくわからない」という学生、「法学部生ではないが、法学系の科目を履修するために、勉強の仕方を知っておきたい」という学生などを念頭に、法学部で勉強するための練習帳をイメージして本書を作りました。

本書を読むことで、大学での法学系科目を楽しく勉強し、「法学の勉強って面白い」と少しでも思ってもらえれば幸いです。

● 本書の対象

○大学が始まる前にあらかじめ学ぶ準備をしておこうと考えている法学部新入生
○大学の授業にきちんとついていきたいと考えている法学部 1 年生
○基礎教養科目などで法律科目を履修する予定の法学部以外の学生
○一年次に授業についていけなかった法学部の 2・3・4 年生
○法律問題に興味のある学生全般
○法学部以外の学部を卒業したけれど法律科目を学んでみたいと思っている社会人

● 本書の特長

・テキストとトレーニングシートによる学習

・初学者にとってのわかりやすさ

・ポイントの理解

・読みながら勉強を進める

・読みながら基礎知識も身につく

● 本書の使い方

本書はテキストとトレーニングシートの２分冊になっています。まずはテキストを読んでください。テキストには、基礎学習のための基本的な知識や方法が詰まっています。テキストにはいくつかの課題が設定されているので、課題を考えながらナビゲートを基に読み進め、チェックポイントで各論点の確認を行うスタイルになっています。テキストを１章分読んだら、次にトレーニングシートに取り組んでみてください。トレーニングシートには、テキストで学んだことをドリル形式で解くようになっていますので、テキストで学んだことが身についているかどうかをチェックすることができます。

また、本書の内容ですが、大きく分けて三つのセクションに分かれています。セクション１は法律問題に慣れるためのものです。法的知識がないのは当然ですから、気楽な気持ちで読み進めていきましょう。セクション２は授業で法律を学ぶために必要な事柄です。セクション３は大学の試験に対応するための技法が解説されています。各セクションは、１から２、２から３に進むにつれて徐々にレベルアップしていきますので、レベルに応じて読む時間を調節していきましょう。

〈本書を教科書として利用する先生方へ〉

本書は、1、２年生の基礎ゼミや法学の授業の教材として使用できるような内容になっています。テキストを授業で扱ってもらい、トレーニングシートを課題に出すという方法を念頭に置いていますが、授業の内容に応じて様々な使い方ができると思います。

なお、本書を教科書として採用してくださる先生には解説集を提供する予定です。詳しくは、三省堂HP（http://www.sanseido.co.jp/）をご覧ください。

Contents

大学生のための法学トレーニング

1 日常会話の中で法的問題を見つけよう——法的問題の発見

法学部では法的問題を発見したり法的に考えたりすることを学び、法的思考を身につけていくことになりますが、法的思考といっても何のことだか最初はよくわかりません。まずは、ふだんの生活の中でどんな法的問題がひそんでいるのかを考えてみましょう。

【課題1】

次の会話は、この春高校を卒業して大学に入ったばかりのAさんとB君のキャンパス内での会話です。第一幕のうち、法的問題がひそんでいそうな箇所（法律が関わりそうな点）を取り出し、何が問題になりそうなのかを考えてみましょう。

〈第一幕〉
Aさん：ねえ、サークルはどこに入るか決めた？
B君　：うーん、やたらに勧誘は受けるんだけどね。あ、噂をすれば、向こうからやってくるのは、しつこくサークルに誘ってくる先輩だ。
先輩　：こんにちは。どう？　うちのサークルに入る気になった？
B　　：ええと、まだ考え中です。
先輩　：今日の夜、新歓コンパがあるからきなよ。お酒も飲み放題だよ。
B　　：いえ、自分は大丈夫です。
先輩　：大丈夫ってことはOKってことだね？　じゃっ、18時に駅前改札に集合ね。
B　　：あ、ちょっと。まだ行くっていってないのに…。強引だなあ。
A　　：かなり強引ね（苦笑）。ところで、何のサークルなの？
B　　：それがよくわからないんだけど、ポーカーとか麻雀とかしながら、他人の心理を読み解く活動をしてるみたい。

A　：なんか、あやしくない？　お金をかけたりするの？

B　：真剣にやるために、毎回1人500円ずつ集めて、それを勝者に配分するらしいよ。はい、これ、サークルのチラシ。

A　：やっぱりあやしいなあ。それに、ちょっと、ここ見た？「飲み会後は駅前広場で校歌を合唱するよ♪」って書いてあるけど、こんなの恥ずかしくない？　私はやめた方がいいと思うなあ。あ、そこの新しくできたカフェ、コーヒー100円みたいよ。ちょっと寄っていきましょうよ。

（1）　未成年者がお酒を飲んでいいのか考えてみよう

以上の会話の中で一番問題になりそうなのは、お酒の問題ですね。新入生のほとんどは未成年なので、お酒を飲むのは問題がありそうです。もし、B君がこのまま飲み会に参加し、お酒を飲んでしまったら、未成年者飲酒禁止法に違反することになります。同法1条1項は、20歳未満の者はお酒を飲んではならないとして、飲酒を禁止しているからです。また、この法律は、未成年者がお酒を飲もうとしていたら、関係者は止めなければならないとし（1条2項）、未成年者だとわかっていて未成年者にお酒を売ったり渡したりすることも禁じています（1条3項）。制止を怠ったり販売したりした者には罰則がつけられています。さらにお酒の販売者は未成年者にお酒が渡るのを防ぐべく、年齢確認などを行わなければならないとも規定しています（1条4項）。新入生らしき学生が飲み屋に行くと年齢確認が行われるのはこの法律があるからなのです。

チェックポイント

- 未成年者飲酒禁止法は、未成年者の飲酒を禁止しているだけでなく、それを制止しなかったり販売したりすることも禁止しています。

（2）　賭博をすることが許されるのか考えてみよう

大学生の会話を聞いていると、麻雀、ビリヤード、ダーツなどで「昨日はいくら勝ったよ」みたいな話を聞くことがあります。しかし、賭け事を行うことは刑法185条によって禁じられています。同法によれば、「賭博《とばく》をした者は、五十万円以下の罰金又は科料に処する。」と規定しています。また、賭博行為は違法行為であって無効なので、原則として民事上の請求を行うこともできません。

チェックポイント

- 賭博行為は刑法と民法の両方に違反する行為です。

(3)　夜中に合唱してもいいのか考えてみよう

駅近くの繁華街周辺に住んでいると、夜中に、泥酔した人たちが大声で歌ったり叫んだりしているのが聞こえてくることがあります。酔っぱらっている本人たちは楽しいかもしれませんが、近所の住民にとっては迷惑もいいところです。大声を出しただけで罪になるわけではありませんが、周辺住民が警察等（公務員）に通報し、警察官が注意したにもかかわらず、大声を出し続けた場合には軽犯罪法違反で逮捕されることがあります（1条14号）。

チェックポイント

- 夜中に大声で歌ったり叫んだりして、公務員の注意にもかかわらず、それを継続すると逮捕されることがあります。

【課題2】

次の文を読み、Aさんが火傷を負ったことに対してお店に対して裁判を起こすとしたら、裁判でどんな主張をすればいいか、また、店側はどんなことに注意すればよかったのか、について考えてみましょう。

〈第二幕〉
店員：いらっしゃいませ。
A　：ホットコーヒーを1杯ください。
店員：かしこまりました。100円でございます。
B　：それにしても、ここ煙たいな。あのう、このお店、禁煙スペースはないんですか？
店員：申し訳ございません。当店はすべて喫煙になっております。お待たせしました。ホットコーヒーでございます。

A　：熱っ！！　このコーヒー、スリーブをつけてないじゃない！？　手を火傷《やけど》しちゃったわ！

B　：なんだか、あまり「ほっと」しないお店だね。(笑)

(1)　Aさんは裁判でどんな主張をすればいいか考えてみよう

この事案では、お店の不注意が原因でAさんは火傷を負うという結果になりました。Aさんとしては、お店から不当な損害を被《こうむ》ったので、お店にその損害を賠償してもらいたいわけですが、これを法的に構成するとどんな感じになるでしょうか。ここで参考になるのが、民法709条です。民法709条は、「故意又は過失によって他人の権利又は法律上保護される利益を侵害した者は、これによって生じた損害を賠償する責任を負う」と定めています。この規定は、不法行為による損害賠償責任を定めたもので、違法に他人の権利利益に損害を与えた場合、それを賠償しなければならないと規定しているわけです。

これを本事案にあてはめてみると、Aさんはお店の不注意（過失）により、火傷という損害を負いましたよね（不法行為）。従って、Aさんは、お店の不法行為に対して損害賠償を請求することができます。

✔ チェックポイント

- 不法行為によって損害を受けた場合は損害賠償を請求することができます。

(2)　それぞれの時点における損害と行為の因果関係を考えてみよう

下記の店側（店員）の行為は、Aさんに損害を与える結果とどの程度関連しているでしょうか。

ア　コーヒーを冷まさずに注いだこと。

イ　スリーブをつけなかったこと。

ウ　「火傷に注意」と説明していないこと。

アの時点では、まだAさんに対して損害を与えていません。イでは、熱いことがわかっているにもかかわらず、店員はスリーブをつけずに渡しているので、ここではAさんが火傷を負う可能性を予見できたといえます。この予見可能性があったにもかかわらず、そのままコーヒーを差し出して火傷を負わせているので、店員はAさんに被害をもたらした責任を負います。ウでは、あらかじめ注意しておけば、店員は責任を負わなくて済むか、あるいは責任を負うとしても責任が軽くなる余地が出てきます。

チェックポイント

- 損害は、損害発生に対する予見可能性と、原因と結果の関係（因果関係）が重要になります。

(3)　店側はどうしたら責任回避できるかを考えてみよう

Aさんがウの行為が問題だったという主張をした場合、店側はどの時点でどんなことを注意すればよかったと思いますか？　以下の選択肢を参考にして考えてみましょう。

ア　入店時に、「当店のコーヒーは熱々の淹《い》れたてを用意しております」という。

イ　コーヒーを渡す時に「熱くなっておりますので十分ご注意ください」という。

ウ　メニューに、「火傷に注意」と記載しておく。

アの発言は、遠回しに「熱いから気をつけてください」と注意喚起をしているようにも見えますが、単に淹れたてのコーヒーをアピールしているだけにもみえます。注意義務を果たすためには、通常の人であればそれが注意書きだとわかるものを用意しなければならないので、アでは不十分だといえるでしょう。イの発言は、注意はしていますが、熱いものを渡しながら注意してくださいといっても、渡される側は瞬時に何をどう注意すればいいのかわかりません。そのため、この注意をするのであれば、コーヒーを渡す前に注意し、かつ火傷を防ぐための対策を提示する必要があるといえます。ウは、あらかじめ火傷に対する注意喚起をしているわけですから、最も適切な方法だといえます。ただし、客が気づくように目立つように記載しておく必要がありますし、それでも客が火傷を負ってしまった場合には一定程度損害賠償責任を負う可能性もあります。万全を期すためには、ウの注意書きをした上で、スリーブをつけて渡した方がいいでしょう。

チェックポイント

- 注意義務は相手側が認識できる形で果たす必要があります。

2 ネットの危険性を知ろう――権利の侵害

本章では、みなさんの普段の生活に欠かせないインターネットに関する法を学びます。インターネットは便利である反面、それによる多くの問題も生じています。現代のネット社会に、どのような法が存在しているのでしょうか。

【課題1】

次のA君とB君の会話の中で、法律が関係している箇所を挙げてみましょう。また、B君のどの行為が問題となるのかも考えてみましょう。

〈とあるサークルの部室で〉

A君：そういえば、昨日Bがブログに書いた日記読んだけど、C先生の箇所なんて、あそこまで書いちゃって大丈夫か？

B君：ああ、あれね。だってあの先生、試験は難しいし、成績だって厳しくつけるからさ。俺なんて去年、全部出席したのに不可だったんだよ。

A　：でもさ、C先生がセクハラしているっていうのはさすがにまずいんじゃないか？

B　：まあ本当かどうかは知らないけどさ、ネット上の掲示板で噂があるからさ。

A　：あれも書き込んでいるのはお前じゃないのか？

B　：ははは（笑）。俺は見るだけだよ。

A　：そういえば、ブログのバックグラウンドで流れている音楽いいね。なんて曲？

B　：あれは、○○って曲だよ。いいでしょ？　ネット上のサイトから拾ってきたんだ。

A　：そうなんだ。まだ新しい曲だよね。あとでそのサイト教えてよ。
B　：いいよ。そのサイトには、音楽の他に、最近の映画とかもアップされてるからおすすめだよ。まあ、著作者の許可はもちろんないんだけど、絶対ばれないしね。

（1）　名誉毀損

刑法は、人の名誉を毀損《きそん》した者に対して刑罰を科し、また、民法は、損害賠償の責任を負うことを規定しています。以下、刑法の規定を見ていきましょう。

・第230条第1項：公然と事実を摘示し、人の名誉を毀損した者は、その事実の有無にかかわらず、3年以下の懲役若しくは禁錮又は50万円以下の罰金に処する。
・第230条の2第1項：前条第1項の行為が**公共の利害に関する事実に係り**、かつ、**その目的が専ら公益を図ることにあった**と認める場合には、事実の真否を判断し、**真実であることの証明があったとき**は、これを罰しない。（太字及び下線部：筆者）

ここでの保護法益（法によって守ろうとしているもの）は、名誉、すなわち社会的評価です。そして、ポイントは、公然と事実を摘示したか否かであり、当該表現が真実か虚偽かではありません。つまり、真実であっても、それによって相手の名誉を毀損した場合には、名誉毀損罪に問われるのです。もっとも、それではあまりに表現者にとって酷ですし、憲法が21条で表現の自由を保障していることからも、両者のバランスを図るべきでしょう。そこで、刑法は、230条の2により、名誉毀損が成立しても、1項に該当する場合は、刑罰を科さないとしているのです。また、真実の証明において、最高裁は、たとえ真実でなくとも真実であると誤信する相当な根拠を有していた場合には、名誉毀損罪は成立しないと判断しています（夕刊和歌山時事事件・最高裁昭和44年6月25日大法廷判決）。もっとも、この理論は、テレビや新聞などの報道を前提としたものであり、個人のインターネットの利用までそれが適用されるべきかについては議論があります。すなわち、取材のプロといえない一般人に対して、真実の証明またはそう信じるに足る相当の根拠を求めることはあまりに酷であるから、通常のインターネットの利用者に求められる程度の真実の証明があれば処罰しないという新たな免責事由の考えです。この点、下級審ではありますがそのような観点から被告人を無罪とした判決（東京地裁平成20年2月29日判決)、そしてそれを破棄した2審判決（東京高裁平成21年1月30日判決）及び2審判決を維持した最高裁の決定があります（最高裁平成22年3月15日決定)。なお、1審は対抗言論の法理も免責事由に取り込んでいるため、ネットをめぐる名誉毀損は、今後さらに議論がなされるでしょう。

さて、B君のブログに書いた、C先生のセクハラに関する記述は名誉毀損にあたるでしょうか。もちろん、実際にC先生がセクハラをしていたかどうかはわかりません。しかし、B君の行為（すなわち、ブログで公表すること）が、公益を図る目的であったとはいい難いですし（単位不可に対する単なる腹いせの類ですね)、加えて、真実の証明に際しても、そのソースがネットの掲示板ですから、さすがにこの基準も満たさないでしょう。ですから、B君の行った行為は、C先生の社会的名誉を貶めるものであり、名誉毀損罪にあたるといえるでしょう。

✓ チェックポイント

- 名誉毀損の内容は、公然と事実を摘示し、社会的評価を低下させることを意味します。
- 名誉毀損の免責要件には、公共性・公益性・真実性の三要件があります。
- ブログに、他人の名誉などを害するような内容を書いた場合、犯罪となる可能性があります。

(2) プロバイダーの責任

では次に、視点を変えて、B君が見たという掲示板について考えてみましょう。もしも、B君がいうことが本当ならば、B君以外の誰かが、C先生の名誉を毀損する発言をしていることになります。この場合、B君と同じく、そういった行為をした者に対しても名誉毀損罪は成立する可能性がありますが、では、その掲示板を設置、管理している人（プロバイダー）の責任は問われないのでしょうか。同様に、B君のブログのプロバイダーの責任はどうでしょうか。掲示板やブログなどを開設し、そこから広告収入などで何らかの利益を得ている以上、いざ法的に問題となった場合に全く責任を負わないというのは虫のいい話ではないかとする立場からは、プロバイダーに対しても法的責任を負わせようと思うでしょう。とはいっても、書き込みを含め多くの人が利用するブログや掲示板の内容をプロバイダーが常にチェックするというのも非現実的であり、加えて、プロバイダーが当否を判断し難い内容の場合に削除要請を出せるのかという根本的なことまで含め、プロバイダーに責任を負わせるべきではないと考える人もいるでしょう。

そこで、プロバイダーの責任の所在を明確にするため、2001年に制定された通称プロバイダー責任制限法というものがあります。まず、プロバイダーが責任を負う場合は、名誉毀損となる表現を防止する措置を講ずることができた場合です（自身が表現者であった場合は、当然、責任を負います)。加えて、そのようなことが技術的に可能であったにもかかわらず、①他人の権利侵害がなされていることを知っていたとき、または、②知ることができたと認めるに足りる相当の理由があるとき、です（被害者がこれらを証明しなければなりません)。反対に、名誉毀損となる表現を防止する措置を講ずることができなかった場合や①ないし②に該当しない場合は、プロバイダーは賠償責任を負いません。

✔ チェックポイント

- 掲示板などへの書き込みが問題となった場合、書き込んだ人以外にも責任を負う可能性がある人もいます。

（3） 著作権侵害

著作権は、特許権や商標権などとともに、知的財産権と呼ばれる権利の一つです。copyright（コピーライト）の文字をよく目にすることがあると思います。最近では、B君が行っているような違法ダウンロードによる著作権侵害が後を絶たないため、2011年の著作権法改正（2012年10月1日より施行）により刑罰化されるようになりました。では、具体的にどういった行為が著作権侵害となりまた罰則が科されるのでしょうか。

著作権法はこの点について、私的使用の目的で、有償の著作物（音楽、映像）

の著作権又は著作隣接権を侵害する自動公衆送信を受信して行う録音または録画を、自らその事実を知りながら行うことに対し、二年以下の懲役もしくは二百万円以下の罰金、または併科する旨を定めています。ここでのポイントは、アップされていた動画や音楽が違法であったか、かつ、それらを違法と知りつつダウンロードしたのか、です。従って、いくらその使用が私的なものに限られている場合であっても、当該著作物が違法にアップされたもの（いわゆる、海賊版）であることを知りながらダウンロードした場合には著作権侵害となる（＝違法行為となる）点に注意が必要です。また、違法にアップされていない著作物をダウンロードした上で、更に著作権者の許可なくネット上に配信することも、たとえそれが私的使用の目的であっても著作権侵害となるので、その点も注意が必要です。

もっとも、今回の改正では、違法にアップされた動画を視聴することまでは刑罰の対象にはなっていません。ここでのダウンロードは、録画及び録音を意味しているからです。ですが、違法でないからといってそのような動画を視聴することは当然推奨されることではありませんので、やはり著作者のためにも購入するようにしましょう。

チェックポイント

- 著作権侵害によって刑罰が科される場合とは、アップされた動画などが違法であり、かつ、そのことを知りながらダウンロードしたときです。

用語解説

・対抗言論の法理：言論による名誉毀損に対しては、まずは、言論によって対抗すべきであるという法理。
・（名誉毀損罪における）免責事由：刑事裁判で刑罰が科せられないという意味で、責任を問われないこと。
・著作隣接権：著作物を公衆に伝達する者に対して与えられる権利であり、著作隣接権者とは、実演家、レコード製作者、放送事業者、有線放送事業者を指す。

3 買い物にも注意をしよう——契約トラブルの解決

この章では、買い物に関する法律問題を学びます。間違った商品を買ってしまった場合や強引に商品を買わされてしまった場合など、代金を返還してもらうことが正当な「権利」として認められる場合があることを学びましょう。

【課題1】

大学生のAさんは、買い物でトラブルを抱えた友人のB君から相談を受けています。AさんとB君との会話の中から、どのような法律が関係してくるのか考えてみましょう。

Aさん：最近は男子でもアクセサリーをするのね。B君、とてもお似合いよ。
B君　：うん。近所のショップで買ったんだ。2万円もしたんだけど、普通は5万円するとかいわれてさ。人気モデルだから、これから値段が上がるとかいうし、表示価格からさらに5千円引きといわれて、つい買っちゃったよ。でもね…。
A　　：でも？　どうしたの。
B　　：駅前の店で同じような物が1万円で売ってたんだよ。
A　　：それって、詐欺じゃない。
B　　：そう思ってショップに行って、文句いってみたんだ。そしたら、アクセサリーの値段は、買う人の気持ちで決まる訳で、僕が2万円で良いと思ったんだから問題ないじゃないかって。
A　　：でも、他の店なら1万円で買えるんでしょ。
B　　：よく見ると別物だっていわれてね。それに、一度、身につけたら価値が下がるから、キャンセル料が5千円かかるとかいうんだ。そういわれればそんな気もしちゃうんだ。民法に錯誤とか詐欺とかってあったけど、あれじゃだめかな。まあ、気に入っているからいいだけど。

A　：法学部の学生なんだから、自分の権利を簡単に放棄しちゃだめよ。まずは六法で関係しそうな法律を調べてみたら。

B　：六法って書いてあることが難しくて…。そういえば「消費者何とか保護法」とかあったような…。やっぱり六法を見てみるか。

（1）　消費者の保護を目的とする法律を知ろう

一般的な法律上の契約には民法が適用されます。民法には錯誤（95条）や詐欺（96条）のように契約の無効や取消しを認める規定がありますが、B君のような事例でこれらを主張するのは難しいでしょう。

しかし、消費者（買主）と事業者（売主）とでは、商品に関して持っている情報量が圧倒的に違うのが普通です。事業者がそのことを悪用し、消費者が誤解をしたり、困惑したりして、後で振り返ってみると、買わなければよかったと消費者が思うようなトラブルは後を絶ちません。

そこで、平成12（2000）年に成立した法律が消費者契約法です。B君の事例では、この法律による取消しが認められる可能性があります。

この取消しは、事業者へのお願いではなく、法が認めた正当な権利ですから、同法の要件に該当するのであれば、堂々と主張をしましょう。ただし、その前に自分でちゃんと法律の勉強をすることも忘れずに。

✓ チェックポイント

- 消費者を保護するための法律として消費者契約法があります。民法で取り消せない契約も、消費者契約法で取り消せる場合があります。

（2）　消費者契約法が何を定めているかを学ぼう

消費者契約法の柱の一つは、消費者の側からの契約取消しができる仕組みです。実際の条文を見てみましょう。

（消費者契約の申込み又はその承諾の意思表示の取消し）
第4条　消費者は、事業者が消費者契約の締結について勧誘をするに際し、当該消費者に対して次の各号に掲げる行為をしたことにより当該各号に定める誤認をし、それによって当該消費者契約の申込み又はその承諾の意思表示をしたときは、これを取り消すことができる。

一　重要事項について事実と異なることを告げること。　当該告げられた内容が事実であるとの誤認〔以下略〕

まず、何を定めているかというと、「消費者は…これを取り消すことができる。」とあります。「これ」とは何かというと、「当該消費者契約の申込み又は承諾の意思表示」ということで、この「意思表示」を取り消せれば、契約を取り消す法的な効果（法律効果）が生じます。

このような法律効果が生じるためには、法律が定める要件を満たす必要があります。そのうちの一つは、「事業者が…勧誘をするに際し」、「次の各号」に掲げる行為をすることとありますが、1号の前段に規定された「重要事項について事実と異なることを告げること」がそれにあたります。そして、それにより消費者が1号後段に規定された「当該告げられた内容が事実であるとの誤認」による意思表示をしていたかが問題となります。

要するに、事業者が勧誘の際に、事実と異なることを告げた場合は、消費者の側から契約の取消しができるという規定です。

チェックポイント

- 一定の場合、消費者の側から契約を取り消すことができます。

（3）　取消しに必要な「重要事項」について考えよう

それでは、B君の契約は取り消すことができるのでしょうか。それを判断するためには、事実と異なる「重要事項」を告げているかどうかが問題となります。その意味は、例えば、消費者が契約を締結するかどうかの判断に影響を及ぼすような事柄や、製品の品質など契約の目的となるものの内容や価格や支払い時期などの取引条件について事実と異なることを告げているかどうかに関わるということです。そして、そのことを消費者が信用して契約してしまったということが認められれば、取消しの原因となり得ます。

12万円程度のファッションリングを40万円以上と告げ、29万円で販売すると勧誘し、事実と異なることを告げた事例について、次のように述べ、契約の取消しを肯定した裁判例があります（大阪高判平成16年4月22日）。

> 本件リングのような宝飾品については、一般に使用価値に基づく客観的な価格設定は想定しがたく、主観的かつ相対的な価値判断によって価格設定がされるものと解されるから、買主にとっての価値も、それが一般にどのような価格で販売されているかという事実に依拠し、その購買意思の形成は、これと密接に関連するものと解される。

そのため、本件においては、一般的な小売価格が「重要事項」に該当するとしているのです。これを参考にして、B君の件がこれに該当するかどうか考えてみましょう。

チェックポイント

- 何が「重要事項」にあたるかは個別的な判断が必要になります。

（4） 強引に売りつけられたものを返還できないか考えよう

この他にも、事業者が勧誘の際に将来における変動が不確実な事項について、断定的判断を提供した場合（例えば、「必ずもうかります」などと説明した場合）、消費者の不利益になる事柄を故意に隠して、利益になることばかり説明した場合も契約を取り消せる可能性があります。また、事業者が職場や自宅から帰らなかったり、事業者が消費者を営業所から帰さなかったりしたような強引な販売方法も取消しの対象となり得ます。事業者が消費者に対して、過大なキャンセル料を要求しているとき、何らかの取決めがあったとしても、認められる損害賠償の額は制限されることもあります。

チェックポイント

- 消費者契約法は、強引な販売などについても取消しを認めています。

【課題2】

再びAさんとB君との会話です。今度は、どのような法律が関係してくるのか考えてみましょう。

Aさん：B君、ちゃんと返金してもらえてよかったわね。
B君　：どうもありがとう。助かったよ。もう一つ相談に乗ってもらってもいいかな。
A　　：まだ何かあるの。
B　　：うちに居たら、訪問販売の人が来て、英会話の教材を買わされちゃったんだ。これって、消費者契約法で何とかならないかな。
A　　：それって、いつのこと？
B　　：えーと。日曜日だから、4日前。
A　　：それなら何とかなるかもね。

(1)　クーリングオフ制度について学ぼう

特定商取引法により、自宅などに訪問販売員が訪れて契約を結んだ場合などには、契約を考え直す（クーリングオフ）期間が設けられています。原則として、契約内容を明らかにした書面を受領した日から8日間はこの期間にあたるので、商品を購入したり、サービス提供を申し込んだりした側から、契約を解除することができます。

この他に、電話での勧誘に基づく販売方法などにも、クーリングオフ期間が設けられています。

チェックポイント

- 訪問販売にはクーリングオフ期間が設けられています。

(2)　契約トラブルに巻き込まれたときの相談先を知ろう

消費者の様々な苦情に対応する窓口として、国レベルでは国民生活センターが、都道府県ごとには消費生活センターが置かれています。これらの機関が運営する電話相談として全国共通の「消費者ホットライン」(188) があります。また、日本司法支援センターが、法的トラブルの対応窓口として、「法テラス」(0570-078-374) を運営しています（2014年2月現在）。

チェックポイント

- 契約上のトラブル相談を受け付ける公的窓口があります。

4 コンビニで身近な法律を考えよう——様々な契約

この章では、数多くの法律関係が日常生活に存在していることを学びます。コンビニエンスストアの風景をイメージしながら、課題に取り組んでみましょう。

【課題1】

Aさんはコンビニにいます。店長のBさんとのレジでのやり取りの中から、「契約」が成立している事柄を挙げてみましょう。

Aさん：すいません。アルバイトに興味があるんですが。
Bさん：外のポスターを見たんですね。学生さんですか。
A　　：はい、三省大学の学生です。
B　　：では、この履歴書を書いて持ってきてもらえますか。それと、20歳未満でしたら、保護者の方にこの同意書を書いてもらってください。
A　　：今、21歳です。
B　　：じゃあ、同意書は要りません。近くに住んでいるんですか。
A　　：ここから5分くらいの所でマンションを借りて一人暮らしをしています。
B　　：一人暮らしだと費用がかかって大変でしょう。
A　　：最近、引っ越したばかりですが、就職活動もあるので、仕送りだけだと足りないと思って。
B　　：勉強もちゃんとしないといけないから大変ですね。大学生の時給は800円です。その他の細かい条件は、今度、面談をして決めましょう。明日か明後日のこの時間に履歴書を持ってきてもらえますか。

A　：わかりました。よろしくお願いします。あと、すいません。ついでにこれを支払いたいんですが。

B　：携帯電話代の請求書ですね。では、10,000円お預かりします。

A　：あと、34番のタバコもください。

B　：はい、ありがとうございます。年齢確認ボタンを押してください。

（1）　契約とは何か考えよう

例えば、Aさんがタバコを買う行為は、売買契約（物の売り買いをする契約）にあたります。おにぎりや飲み物、雑誌など、コンビニエンスストアでは一日に大量の商品が売り買いされますが、その1回ごとに売買契約が成立していることになります。

民法には、売買契約の条文が置かれています。内容を確認してみましょう。

（売買）
第555条　売買は、当事者の一方がある財産権を相手方に移転することを約し、相手方がこれに対してその代金を支払うことを約することによって、その効力を生ずる。

この場合、「当事者の一方」とあるのがお店（Bさん）側で、「相手方」がお客さん（Aさん）側です。まず、商品には所有権という「財産権」が設定されており、それをBさん側が持っています。これをAさん側に移転させるBさんの意思表示と、それに対して「代金を支払う」というAさんの意思表示が示されると、売買契約が成立します。これによって、Aさん・Bさんともに、契約内容を実現する義務（債務）をそれぞれ負うことになります。実は、「アンパンください。」「はい、どうぞ。」という、日常の何気ないやり取りのなかでも、立派に売買契約が成立しているのです。

チェックポイント

- 最も典型的な法律関係に契約があります。これは、申込行為と承諾行為のような意思表示の合致によって成立します。

（2） 契約と約束の違いは何かを考えよう

Ａさんは一人暮らしで、マンションを借りているといっています。ここにも契約がちゃんと成立しています。それが賃貸借契約（費用を支払って物の貸し借りをする契約）です。民法の条文を確認してみましょう。

> （賃貸借）
> 第601条　賃貸借は、当事者の一方がある物の使用及び収益を相手方にさせることを約し、相手方がこれに対してその賃料を支払うことを約することによって、その効力を生ずる。

この場合、マンションの持ち主が「当事者の一方」にあたり、マンションの一室という「ある物」を「相手方」であるＡさんに貸す（「使用及び収益」させる）意思表示をし、Ａさんが「その賃料を支払うこと」の意思表示をすることで、賃貸借契約は成立します。大学生になって一人暮らしをする人も多いと思いますが、そのようなかたちで、法律関係を形成しているのです。

ここで、契約を結ぶ際に、契約書という書類を作ることを思い浮かべる人がいるかもしれません。その場合、「契約書を作っていないのだから契約は成立していないのでは？」という疑問を持つこともあるでしょう。でも、売買契約も賃貸借契約も、当事者の合意だけで成立する契約（諾成契約）ですので、契約書の作成は契約の成立とは関係ありません。後で法的なトラブルが起きたときに備えて、契約内容を書面で明確にしておいた方がよいということで作成されるのが、契約書の位置づけです。

✓ チェックポイント

- 契約が成立した場合、当事者はその内容に拘束されます。単なる「約束」とは異なります。

（3） 当事者が同意すればどんな契約も有効になるのか考えよう

Ａさんはアルバイトをしようとしていますが、アルバイトをするのも一種の契約に基づきます。これを「労働契約」といい、労働契約法には次のように定義されています。

（労働契約の成立）
第6条　労働契約は、労働者が使用者に使用されて労働し、使用者がこれに対して賃金を支払うことについて、労働者及び使用者が合意することによって成立する。

ただし、冒頭の事例においては、まだ両者の合意に至っていませんので、労働契約は成立していません。契約内容が具体的に決まっていないからです。

契約は、当事者の合意で成立しますが、事案によっては、法令による制限を受ける場合があります。例えば、未成年者の場合は、法定代理人（通常は親）の同意が必要になる場合があります（民法5条）。また、未成年者の喫煙や飲酒を防止する目的で、販売者には年齢確認が法的に義務づけられています（未成年者喫煙禁止法、未成年者飲酒禁止法）。

民法の原則に、「私的自治の原則」というものがあります。これは、個人を法的に拘束したり、権利義務関係を成り立たせるのは、当事者の意思によるという近代の法の大原則です。ここから「契約自由の原則」が派生して出てきますが、自由とはいえ、どんな契約を結んでも有効ということにはなりません。当然に限界が存在します。

チェックポイント

- 内容が抽象的な契約や実現不可能な契約、法令に違反したり社会秩序に反したりするような契約は、効力を持ちません。

（4）　日常生活での契約を探してみよう

上記の他にも、コンビニの事例のなかには「契約」が存在しています。また、日常生活も様々な契約であふれていますので、上記の点を参考にして探してみましょう。また、一見すると契約のようでも単なる約束にとどまるものや、当事者が同意しているが法律でその効果が認められないものにどのようなものがあるかも考えてみましょう。

法律関係が存在するか否かの判断をする基準の一つは、ある行為によって、誰かの権利や義務が発生したり、内容が変更したり、あるいは消滅したりといった効果が発生するかどうかにあります。そこで変動した権利義務関係のことを「法律効果」といい、そのような変動を引き起こす一定の社会的関係を「法律要件」といいます。法律要件が満たされると法律効果が発生するのです。

また、契約の中には、お互いの合意だけで成立する契約（諾成《だくせい》契約）と、物の引渡しなどの給付がないと成立しない契約（要物契約）とがありますので、様々な契約の種類とそれぞれの特徴を知る必要があります。どのタイミングで契約が成立したのか、出来事を時系列に並べて考えることも大事です。

チェックポイント

- 日常生活の何気ない活動が、契約に裏付けられたものであることは意外に多いものです。

Column　契約に関する重要法律用語解説

私的自治の原則…自由で平等な個人を前提として、個人を拘束したり、権利義務関係を成り立たせるのは、個人の意思によるという近代社会における私法の原則をいう。ここから、権利能力平等の原則、契約自由の原則、所有権絶対の原則といった諸原則が派生する。

法律行為…意思表示を基本的要素とし、一定の法律効果の発生を目指して行われる行為の総称。契約はその一種。

契約…相対立する複数の意思表示の合致によって成立する法律行為。これに対して、相手方の意思表示と合致することを必要とせず、独立して法律効果を発生させる法律行為を単独行為（例、取消し・遺言など）、複数の意思表示が相対立せず、同じ方向に向けられる法律行為を合同行為（例、会社の設立など）と呼ぶ。

意思表示…一定の法律効果の発生を欲する意思を外部に表示する行為。

諾成契約…契約当事者の合意だけで成立する契約。これに対して、当事者の合意のほか、物の引渡しなどの給付がないと成立しない契約を要物契約という。

法律要件…権利義務関係を発生させる一定の社会的関係をいう。

法律効果…法律要件から生じる権利義務関係をいう。

5 法的責任を考えよう ——法的責任の種類

法的問題が生じると、相応の責任を負わなければならなくなる場合があります。自動車事故はその典型例で、お金を払うだけでは済まされないことも少なくありません。ここでは、法的責任について考えてみましょう。

【課題1】

次のA君とB君の会話文を読み、自動車事故を起こしたらどんな法的責任を負うのか考えてみましょう。

A君：今度の日曜、レンタカー借りてドライブに行こうよ。先週、免許取ったんだ。
B君：いいね！　でも、免許取ったばかりで大丈夫？
A　：大丈夫に決まってるじゃん。教習所でも運転うまいねって褒められたくらいだから。
B　：ほんとかなあ～。なんか不安。
A　：それに、レンタカー借りるときに保険に入るから、何かあっても安心だよ。むしろ、事故ってお金出してもらった方がいいくらいさ。
B　：いやいや、事故ったら大変だから。それに、保険でカバーできるものって限られてるし。
A　：そうなの？　でも、事故ったって、相手を死なせたりしなきゃ、何も問題ないっしょ。
B　：やれやれ、法学部生の発言とは思えないな。事故を起こして相手に怪我でもさせちゃったら、お金だけじゃすまなくなるよ。
A　：え？　そうなんだっけ？？
B　：う～ん、これは危険だなあ…。

（1） 法的責任の意味を考えてみよう

一口に責任といっても色んな意味の責任があります。学校などで、先生から「A君のやったことはみんなの責任でもあります」というようなことをいわれたことがあるのではないでしょうか。また、テレビなどで、政治家が「責任をとって辞任します」などといったことを耳にしたことがあるでしょう。このように、「責任」という言葉は状況に応じて多義的な意味を持つことが少なくありません。少し考えただけでも、道義的責任、政治的責任、社会的責任…など、様々な責任があります。しかも、日常生活で耳にする責任には、その原因と結果の関係（因果関係）がイマイチよくわからない形で使われていることが多く、マジックワードのような感じがします。

この点、法的責任はその人に義務や負担を負わせることなり、かつ強制力を伴うわけですから（事柄によっては強制力に欠ける場合もあります）、いい加減に使うわけにはいきません。法的責任は、分野によって責任の内容や論理構成が異なってきますから一概に定義することはできませんが、さしあたり、法律上負わされる義務だとイメージしておけばいいでしょう。

そして、会話文の交通事故のように、場合によっては様々な角度から法的責任を負わされることがあります。まずは、交通事故を例に、主な法的責任を考えてみましょう。

チェックポイント

- 法的責任とはある行為（不作為を含む）の結果、法的な義務を負うことをいいます。

（2） 民事責任について考えてみよう

自動車事故を起こして、相手に怪我を負わせてしまった場合、それを賠償する責任があります。このように、損害を与えてしまった相手（私人）にお金を賠償することを民事責任といいます。このとき、治療費の他に、慰謝料等も支払なければならなくなります。これを支払わなかったりすると、相手方は、加害者に対して損害賠償請求の訴えを提起することがあります。また、後遺症が残った場合にも賠償の対象になります。

万一、相手を死なせてしまったりすると大変です。被害者が交通事故にあわなければ本来得られていたであろう金銭的利益を支払わなければならないからです。このことを逸失利益といい、簡潔にいえば、仕事で稼いだであろう金額を支払うことになります。被害者の生涯収入がそれにあたるわけですから、相当高額になることが予想されます。ちなみに、逸失利益は、被害者が生きている場合でも後遺症が残り、仕事等に影響をもたらす場合にも生じます。

チェックポイント

●民事責任とは民事上の法的責任のことをいいます。

(3) 刑事責任について考えてみよう

自動車事故を起こすと、相手方に対する責任のみならず、一定の場合にはそれが犯罪になってしまいます。つまり、刑事責任を負うことになるのです。例えば、わざと（故意）人を跳ねて死亡させてしまった場合には殺人罪になりますが、不注意（過失）で人を跳ねて死亡させてしまった場合には業務上過失致死罪が適用されることになります。また、最近では運転事故に対する厳罰化が進んでいて、危険運転致死傷罪や自動車運転過失致死傷罪が新たに設けられ、罪が重くなっています。特に飲酒運転については厳しい対応がなされているので、飲んだら運転してはいけませんし、周りも運転させないようにしなければなりません。

チェックポイント

●刑事責任とは刑事上の責任で、有罪になると刑罰が科せられます。

(4) 行政責任について考えてみよう

また、交通事故で忘れがちなのが行政上の責任です。道路交通法違反の行為を行うと、〜点といった形で違反点数が加算されていきます。これが積み重なると、免許停止や免許取消になるわけです。こうした行政上の不利益処分を行政責任といいます。また、シートベルトについては運転者だけでなく、同乗者にも着用義務が課されていて、高速道路での着用義務違反には運転者の違反点数が加算されてしまいます。

チェックポイント

●行政責任とは、行政によって何らかの処分が下されることをいいます。

【課題２】

事故は自動車事故に限られるわけではありません。次の食中毒事故についても、店側がどんな責任を負うことになるか、考えてみましょう。

A君　：おっ、ここの寿司、1000円で食べ放題だって。
Bさん：いいわね。タイやヒラメもあるみたいよ。
A　　：じゃあ、入ってみよう。
店員　：いらっしゃい。
A　　：1000円の食べ放題コースでお願いします。
店員　：へい。お好きなものを注文してください。
B　　：じゃあ、私、ウニ、イクラ、トロ、タイ、ヒラメをお願い。
A　　：高級系を攻めますな。じゃあ、僕は、とりあえず、アジ、サバ、イカ、タコをお願いします。
店員　：はいよー。へい、お待ち。
A　　：早っ。てゆーか、あのネタとか外に出しっ放しだけど、大丈夫なのかな？
B　　：ぶつぶつ言わないの。さあ、食べましょうよ。
A・B：いただきま～す。
A　　：うん、このアジはなかなかの味だな。
B　　：このトロもとろける感じで美味しいわよ。
A　　：あ、茶わん蒸しも食べ放題みたいだよ。レトルトみたいだけど、好物だからたくさん食べよっと。
…帰宅後
A　　：う～ん、なんかお腹痛い。
B　　：私も。ひょっとしてさっきのお寿司かしら？
A　　：あいたたた。ちょっと病院に行こう。
…病院にて
医師　：これは食中毒ですね。薬を出しておきますからお大事になさってください。
A　　：今日、寿司を食べたんですけど、それが原因ですか。

医師：まだ断定はできませんが、症状からすると、その可能性が強いですね。保健所に届けておきましょう。

Ｂ　：こんなイタイ思いをするんだったら、値段に誘惑されるんじゃなかったわ。ここの医療費とか、お寿司屋さんにイクラか払ってもらいましょうよ。

ここでも、民事責任、刑事責任、行政責任の順で考えていきましょう。腹痛の原因が食中毒だとしたら、ＡとＢは寿司屋に対して損害賠償を請求することができるでしょう。ただし、食中毒の原因が寿司屋の出した寿司にあることを証明しなければなりません。原因が特定されれば、店側は医療費や慰謝料を払う責任を負うことになります（民事責任）。

もし、食中毒の原因が寿司屋にあり、しかも暖かい場所に生身を長時間おいていたなど、明らかに寿司屋に問題がある場合で、相手が死亡した場合などには、寿司職人や店の管理者が刑事責任を負う可能性も出てきます（刑事責任）。

飲食店を営むには食品衛生法に基づく許可が必要になります。そのためには、一定の衛生基準を満たす必要があり、問題がある場合には調査を受け、場合によっては営業停止などの処分を受けることがあります。本問における食中毒の原因が寿司屋にあるとしたら、営業停止処分は免れないでしょう（行政責任）。なお、食品衛生法によれば、医師は食中毒の疑いがある場合にはその内容を保健所に届けなければならない義務があります。

チェックポイント

- 民事責任、刑事責任、行政責任は、分野ごと個別の法令が存在する可能性があるので、どの法令が適用されるのかに注意する必要があります。

6 条文を使いこなそう——条文の読解

法律を学ぶためには、まず条文を知らなければ始まりません。ところが、法律の条文はやたら難しいことばかり書いてあって、それを読むだけではさっぱり意味がわからないこともしばしば。ここでは、条文の読み方の基本をマスターしていきましょう。

【課題1】条文の読み方を知ろう

法律は、内容のまとまりごとに、「条《じょう》、項《こう》、号《ごう》」と区切ることがあります。次の条文のうち、①、②、③はそれぞれ～条、～項、～号、と読むでしょうか？

民事訴訟法第133条　訴えの提起は、訴状を裁判所に提出してしなければならない。　←①
2　訴状には、次に掲げる事項を記載しなければならない。　←②
一　当事者及び法定代理人　←③

①は「133条1項」と読みます。○○条の次に、算用数字が出てくる場合、その数字の部分を「項」といいます。通常、何も数字がふられていない部分が「1項」になり、あとは数字がふられてある部分をそれぞれ「～項」と読んでいきます。それが②の部分ですね。従って、②は「133条2項」と読みます。続けて③には漢数字が出てきました。これを「号」といいます。なので、③は、「133条2項1号」と読みます。「号」は、「項」の中で区切りを行う場合と、「項」がなくても直接「条」を区切る場合があります。なお、「条、項、号」は最もよく出てくる基本形なのですが、より細かくいえば、条の前に「編《へん》、章《しょう》、節《せつ》、款《かん》」という区切りがあり、さらに号の後にイ、ロ、ハが続く場合もあります。

チェックポイント

- 条文は、基本的に、条、項、号で区切り、条と項は算用数字、号は漢数字で表します。

【課題2】条文の構造を知ろう①

条文には「又は」／「若しくは」という言葉がよく出てきます。両方ともORの意味で使われますが、「又は」の方が「若しくは」よりも大きな区切りをします。次の条文の（　）には、「又は」／「若しくは」のどちらが入るでしょうか？

> 刑法第199条　人を殺した者は、死刑（　①　）無期（　②　）五年以上の懲役に処する。

「又は」は、「AかBか」という場合に、「A又はB」という使い方をするわけです。一方、「A、あるいはB1かB2」という場合、「A又はB1若しくはB2」という使い方をします。つまり、「A OR（B1 or B2）」という関係になるわけです。このとき、「又は」は大きなくくりとして、「若しくは」は小さなくくりとして、機能することになります。刑法199条では、まず「死刑」か「懲役」かという区別があり、さらに「懲役」の中で「無期」か「5年以上」という区別がなされているわけですから、①には「又は」、②には「若しくは」が入ります。

チェックポイント

- 「又は」／「若しくは」は、ORの意味で用います。
- 「AかBか」を迫る場合には「又は」を使い、さらにBの中から「B1かB2」の選択を迫る場合には「若しくは」を使います。

【課題3】条文の構造を知ろう②

条文には、「及び」／「並びに」もよくでてきます。これらはAND（並列）の働きをしますが、「並びに」の方が「及び」よりも大きな区切りをします。次の条文の（　）には、「及び」／「並びに」のどちらが入るでしょうか？

道路交通法第93条　免許証には、次に掲げる事項（次条の規定による記録が行われる場合にあっては、内閣府令で定めるものを除く。）を記載するものとする。

一　免許証の番号

二　免許の年月日（　①　）免許証の交付年月日（　②　）有効期間の末日

まずは、復習です。上記の下線部分は、何条の何項または何号と読みますか？これは93条1項2号ですね。さて、本題です。AとBの二つをANDで結ぶ場合は「及び」を用います。「並びに」は、A、B、Cと三つ以上をつなぐ場合で、大きなくくりと小さなくくりに分かれているときに、大きな分類の方に使います。例えば、「A及びB並びにC」は、「（A and B）AND C」ということです。この条文では、A、B、Cがそれぞれ「免許の年月日」、「免許証の交付年月日」、「有効期間の末日」に当たります。よく見ると、最初の二つは、「免許の」「免許証の」と書かれていて、最後の「有効期間の末日」には「～の」が書かれていません。しかし、最後の「有効期間の末日」とは、「免許証の有効期間の末日」を指していることはわかりますよね。とすると、まず、「免許の」と「免許証の」で大きく分かれ、次に「免許証」の「交付年月日」と「有効期間の末日」で分かれていることになります。従って、①には「並びに」が入り、②には「及び」が入ります。

チェックポイント

- 「及び」／「並びに」はANDの意味で用いる。
- AとBの二つを並列する場合は「及び」を使い、A、B、Cと三つ以上をつなぐ場合、大きなくくりには「並びに」、小さなくくりには「及び」を使います。

【課題4】解釈方法を学んでみよう①

法律を運用するためには、それを解釈するという作業が必要です。基本的な解釈方法として、条文を文字通り解釈する文理解釈と法令の目的にそって解釈する目的論的解釈があります。道路に次のような文書が貼ってあった場合、「自転車は通行できる」という帰結を導くことができるのは、文理解釈と目的論的解釈のうち、どちらでしょうか？

［文書］ 大気汚染防止のため、車両通行禁止

解釈とは、文章の内容を解きほぐして、そのいわんとすることを明らかにする作業をいいます。法令は、抽象的に定められていることが多く、具体的な事案に対して条文をそのまま適用して解決することはまれです。つまり、法令の運用には必ずといっていいほど、解釈という作業が必要になってきます。

代表的な解釈方法には、条文にそって文字通りの解釈をする文理解釈と、法令の目的を考えてそれに適った解釈をする目的論的解釈があります。本問につき、文理解釈を行うと、文書には車両通行禁止と書いてあり、自転車も車両に入るので、自転車は通行できないという結果になります。一方、目的論的解釈を行うと、文書には「大気汚染防止のため」と書いてあるので、大気汚染防止がこの文書の目的ということになります。つまり、この文書は、大気汚染を引き起こす車両の通行が禁止されるという意味になるのです。従って、自転車は大気汚染を引き起こすわけではないので、通行可能ということになります。そのため、「自転車は通行できる」という帰結を導くことができるのは、目的論的解釈ということになります。

チェックポイント

- 文理解釈とは、条文を文字通り解釈することをいいます。
- 目的論的解釈とは、条文だけでなく、その法令の目的を考慮して解釈することをいいます。

【課題5】解釈方法を学んでみよう②

解釈方法には、文理解釈や目的論的解釈以外にも様々な解釈方法があります。以下の文例を読み、それぞれに対応する解釈方法をア〜ウから選んでください。

文例

①「携帯電話使用禁止」という張り紙があったが、スマートフォンは使用できる。

②「優先席前では携帯電話使用禁止」という張り紙があったので、優先席から離れたところでは携帯電話を使用できる。

③「カメラによる撮影禁止」という張り紙があったので、携帯電話の動画撮影もしてはいけない。

ア　これは、条文の意味（特に対象範囲）を広げる拡張解釈である。

イ　これは、条文の意味（特に対象範囲）を狭める縮小解釈である。

ウ　これは、ある事項に関する規定があるときに、その規定の反対の意味として、それ以外の場合には適用されないとする反対解釈である。

解釈方法には、先に説明した文理解釈や目的論的解釈の他に、拡張解釈、縮小解釈、反対解釈などの方法があります。拡張解釈は、条文の意味を広げて規制対象を拡大する方法です。例えば、「携帯禁止」の中に「PHSの禁止」を含む方法です。一方、縮小解釈は条文の意味を狭めて規制対象を縮小する方法です。例えば、「携帯禁止」の中には「PHSの禁止を含まない」という方法です。反対解釈は、ある事案に対して直接規定する条文はないが、別の条文を裏返してみると、この事案には適用されないという方法です。「未成年者は喫煙できない」ということは「成年者は喫煙できる」ということです。これを基に、本問を見ていくと、①は条文の対象の意味を狭めているのでイの縮小解釈、②は条文の反対の意味を考えると対象から外れるのでウの反対解釈、③は条文の対象の意味を拡大しているのでアの拡張解釈、となります。

チェックポイント

- 拡張解釈とは、条文の意味（特に対象範囲）を広げる解釈方法をいいます。
- 縮小解釈とは、条文の意味（特に対象範囲）を狭める解釈方法をいいます。
- 反対解釈とは、ある事項に関する規定があるときに、その規定の反対の意味として、それ以外の場合には適用されないとする解釈方法をいいます。

7 判例を読んでみよう ——判例の読解

条文と並んで重要なのが裁判所の判決です。判決文には、裁判所の法解釈が示されており、法令の内容を明確にする役割を果たします。特に最高裁判所の重要裁判は「判例」と呼ばれ、その後の訴訟でも参照される影響力を持っています。この章では、判例の読み方を学んでいきます。

【課題1】判例の構造を知ろう

次の最高裁判決（最判昭和56年3月24日民集35巻2号300頁）は、「日産自動車事件」と呼ばれる事件の判決です。男性と女性で定年年齢の差をつけていた会社の取極め（就業規則）が、民法90条の公序良俗に違反するとして、無効となった事件です。判決の主要な理由を述べている部分に注意して、裁判官になったつもりで声に出して読んでみましょう。

主《しゅ》　文《ぶん》

本件上告《じょうこく》を棄却《ききゃく》する。

上告費用は上告人の負担とする。

理　由

〔中　略〕

上告会社の就業規則は男子の定年年齢を60歳、女子の定年年齢を55歳と規定しているところ、右の男女別定年制に合理性があるか否かにつき、原審《げんしん》は、上告会社における女子従業員の担当職種、男女従業員の勤続年数、高齢女子労働者の労働能力、定年制の一般的現状等諸般《しょはん》の事情を検討したうえ、上告会社においては、女子従業員の担当職務は相当広範囲にわたつていて、従業員の努力と上告会社の活用策いかんによつては貢献度を上げうる職種が数多く含まれており、女子従業員各個人の能力等の評価を離れて、その全体を上告会社に対する貢献度の上がらない従業員と断定する根拠はないこと、しかも、女子従業員について労働の質量が向上しないのに実質賃金が上昇するという不均衡が生じていると認めるべき根拠はないこと、少なくとも60歳前後までは、男女とも通常の職務であれば企業経営上要求される職務遂行能力に欠けるところはなく、各個人の労働能力の差異に応じた取扱がされるのは格別、一律に従業員として不適格とみて企業外へ排除するまでの理由はないことなど、上告会社の企業経営上の観点から定年年齢において女子を差別しなければならない合理的理由は認められない旨《むね》認定判断したものであり、右認定判断は、原判決挙示《きょじ》の証拠関係及びその説示《せつじ》に照らし、正当として是認《ぜにん》することができる。そうすると、原審の確定した事実関係のもとにおいて、上告会社の就業規則中《ちゅう》女子の定年年齢を男子より低く定めた部分は、専《もっぱ》ら女子であることのみを理由として差別したことに帰着《きちゃく》するものであり、性別のみによる不合理な差別を定めたものとして民法90条の規定により無効であると解するのが相当である（憲法14条1項、民法1条ノ2参照）。これと同旨《どうし》の原審の判断は正当として是認することができ、原《げん》判決に所論《しょろん》の違法はない。右違法のあることを前提とする所論違憲の主張は、その前提を欠く。所論引用の判例は事案を異《こと》にし、本件には適切でない。論旨《ろんし》は、いずれも採用することができない。

よつて、民訴法《みんそほう》401条、95条、89条に従い、裁判官全員一致の意見で、主文のとおり判決する。

（裁判長裁判官　寺田治郎《てらだじろう》　　裁判官　環昌一《たまきしょういち》　　裁判官　横井大三《よこいだいぞう》
裁判官　伊藤正己《いとうまさみ》）

判決書は、裁判の結論を記した文書です（民事訴訟法253条、刑事訴訟法335条）。大きく分けて、裁判の結果を端的に示す「主文」と、その判断に至った理由を示す「理由」とで構成されています。

主文には、刑事訴訟であれば「被告人を懲役○年に処す」（有罪判決）、「被告人は無罪」（無罪判決）などの結論が示されます。民事訴訟や行政事件訴訟の場合は、訴訟の類型によって決まっている一定のいい回しにより結論が示されます。例えば、「被告は、原告に金○○円を支払え。」（請求認容判決＝原告勝訴）、「原告の請求を棄却する。」（棄却判決＝原告敗訴）などのように主文が示されます。

冒頭で示した最高裁判決は、地方裁判所（第1審）と高等裁判所（控訴審）の判決を経て出されたものです。第1審と上級審とでは主文の示し方が少し異なりますので、注意が必要です。控訴審の判決に不服がある場合、当事者は上告をすることができますが、この事例では上告棄却となっています。上告に理由があると判断されると、破棄差戻し（例、「原判決を破棄する。本件を大阪高等裁判所に差し戻す。」）・破棄自判（例、「原判決を破棄する。被告人は無罪。」）といった判決が出されます。

✓ チェックポイント

- 判決文は、法的拘束力を持った結論部分である「主文」と、その結論に至った思考過程を示す「理由」部分とが主要な構成部分となっています。

【課題2】主文と理由の一番の違いは何か、考えてみよう

主文は法的拘束力があるのに対して、理由にはそれがありません。しかし、主文の結論を導いた要素を明確にするため、判決には必ず理由が付されます。理由部分は、判決と直接の関連を有する部分（判決理由（の核心部分））と、そこに含まれない部分（傍論）とで構成されます。どちらに区分できるか不明確な場合もありますが、前者には事実上の先例拘束力が認められることがあります。ただし、傍論であっても、先例として参照されるものもありますので、注意が必要です。

下級裁判所の判決理由には、裁判官の意見対立があっても多数意見のみが判決書に記されるのに対し、最高裁の場合は、裁判官の意見対立があるとき、必ず各裁判官の個別意見が示されます（裁判所法11条）。そうした個別意見には先例としての拘束力はありませんが、後日の裁判で参照されることもあり、一定の影響力を持つものもあります。

✓ チェックポイント

- 判決理由の部分には、主文に直接関連する「核心部分」と、そこに含まれな

い「傍論部分」とがあります。

【課題3】判決文には決まった形式があることを確認してみよう

判決文を読む際には、まずその形式を理解しなければなりません。おおよそ主文の前には、事件名と事件番号、裁判年月日、原告・被告といった事項が記載されています。事件名は裁判所がつけたものですが、著名な判例については、「日産自動車事件」のように通称で呼ばれることがあります。

雇傭関係存続確認等請求事件
昭和54年（オ）第750号
同56年3月24日最高裁第三小法廷判決
【上告人】控訴人（附帯被控訴人）　被告　日産自動車株式会社
【被上告人】被控訴人（附帯控訴人）　原告　X

また、原告・被告の部分に目を向けると、裁判の流れがわかります。原告のXさんが、「被控訴人」であり「被上告人」であるということは、第1審で訴訟を起こして主張が認められ、相手方が控訴したが認められず、さらに相手方が上告したというように裁判が進んできたことを示しています。そこで主文を読むと上告棄却ですから、Xさんが第1審から一貫して勝訴していることがわかるのです。

判決を理解する上で欠かせないのは、上記のような裁判の経過を頭に入れた上で、事実関係を正確に理解し、法的な論点について判決理由がどう論じているかという点です。裁判所は、①事実認定と②法解釈・適用という二つの機能を果たしますから、それが判決理由にも反映します。民事事件の第1審判決の場合、主文に続いて、事実及び理由として、①当事者双方の請求内容、②争いのない事実、争点ごとの当事者双方の主張、裁判所の判断といった事案の概要、そして結論という流れが一般的です。刑事事件の場合は、主文に続いて、①被告人の罪となるべき事実、②証拠の標目（番号を付した証拠の目次）、③法令の適用などが書かれます。控訴審の判決は、民事・刑事ともに第1審と同様の構成をとることが多いです。

なお、最高裁判所は、法律審といって法の解釈・適用だけを行うのが原則ですから、事件の詳細な内容を知りたい場合、下級裁判所の判決文を参照しなければならないことがあります。

チェックポイント

- 判決文の構造は、民事事件・刑事事件の別、裁判をする裁判所の別などによって異なります。

【課題4】判決理由の中から主文と密接に関わる部分を探してみよう

さて、冒頭の判決文の理由において、主文と密接に関わる主要な部分はどこでしょうか。裁判官は、法的な結論を出すために、法的三段論法を用いていますが、そのうち、法を解釈し、適用（あてはめ）をする部分が重要になります。本事件においては、会社の契約（就業規則）の内容が、民法に違反していないかが争点となっています。そうなると、主要な部分が見えてくるのではないでしょうか。特に、条文を引用している箇所に着目してみましょう。

ちなみに、判例を紹介する雑誌として「判例時報」や「判例タイムズ」などがありますが、主要な部分に下線を引いて読者の便宜を図っています。この点も確認してみるとよいでしょう。

チェックポイント

- 判決理由の中でも、主文に密接に関わる重要な部分に注意して判例を読む必要があります。

Column　判例と裁判例

判例という言葉は、裁判所が過去に下した裁判一般に用いる場合と、本章のように最高裁の裁判に限定して用いる場合とがあります。最高裁の裁判のみを特に「判例」と呼ぶ場合は、下級裁判所の裁判を「裁判例」と呼んで区別します。最高裁の判決は、事実上、他の裁判所も拘束する力を持っているからです。

また、過去に出した裁判のうちで、現在も法的拘束力を持っているものに限って「判例」と呼ぶときもあります。最高裁が過去に出した「判例」を自ら変更する場合、大法廷で裁判をしなければならないことになっています（裁判所法10条）。

8 図式化してみよう ——図式の活用

本章では、複雑な概念や判例における事実の概要を理解しやすくするために、それらを図で表す訓練を行います。授業中に教科書を読んでいるときに、ノートまたはレジュメに図を書き込むことで、復習する際に当該事件の概要を思い出しやすくなったり、制度の内容を整理したりすることができるでしょう。

【課題1】基本の形を理解しよう①

以下の事例を、簡単な図にしてみましょう。

> XはYとの間で契約を締結しました。その契約では、XはYに100万円を支払い、Yは期日までにXに商品を納入するというものでした。

（解答例）

チェックポイント

- おのおの、X、Yで表し、矢印（→）で契約内容を示すようにします。

【課題2】基本の形を理解しよう②

課題1の事例を基に、実はYには商品をXに売るつもりがなかった（心裡留保）とします。そのため、期日を過ぎてもYから商品が納入されず、Xは100万円を返還してもらうため訴訟を提起しました。一連の過程を図にしてみましょう。

民法第93条　意思表示は、表意者がその真意ではないことを知ってしたときであっても、そのためにその効力を妨げられない。ただし、相手方が表意者の真意を知り、又は知ることができたときは、その意思表示は、無効とする。

(解答例)

チェックポイント

- 時系列に番号を振り、矢印でつないでいきます。

【課題3】概念を図にしてみよう

法の序列(段階構造)を図で表してみましょう。

(解答例)

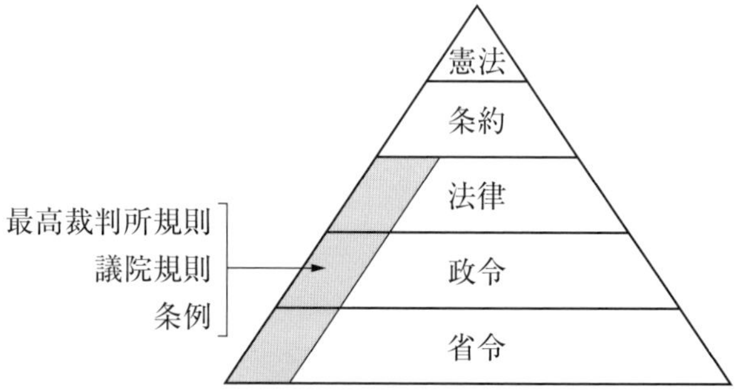

✓ **チェックポイント**

- 優劣関係も図で表すことができます。

【課題4】 手続きを図にしてみよう

次の記述は、逮捕から裁判に至るまでの簡単な概要です。それらを読んだ上で、一連の流れを図で書いてみましょう。

> 刑事裁判では、一般的に、被疑者逮捕及び（48時間以内で）検察への送致の後、（24時間以内で）検察による裁判所への勾留請求がなされます。勾留請求を受けて、裁判所は被疑者を勾留するか釈放するか決定します。勾留するとの決定が下された場合、原則10日、さらに10日間の延長がなされる場合もあります。20日（逮捕時から最大で23日）の勾留期間内に、検察は被疑者を起訴するかしないかを決定します。起訴するにあたり、検察は裁判所へ起訴状を提出します。その後、公判手続き（すなわち、裁判）に進みます。

（解答例）

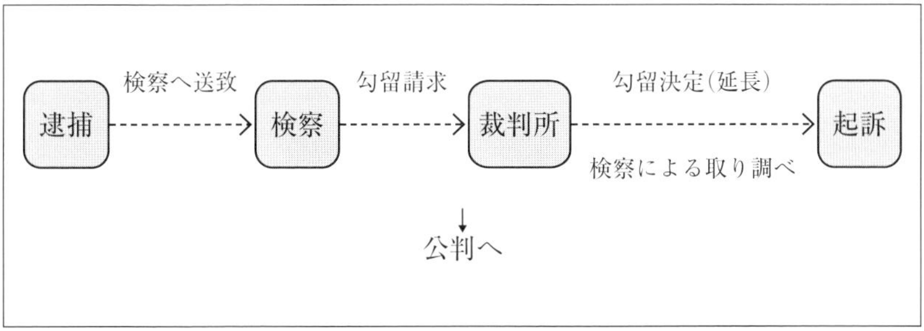

✓ **チェックポイント**

- 刑事手続きの流れを簡素化することで理解が深まります。

【課題5】 制度を図にしてみよう

民事裁判における審級制度を図で表してみましょう。

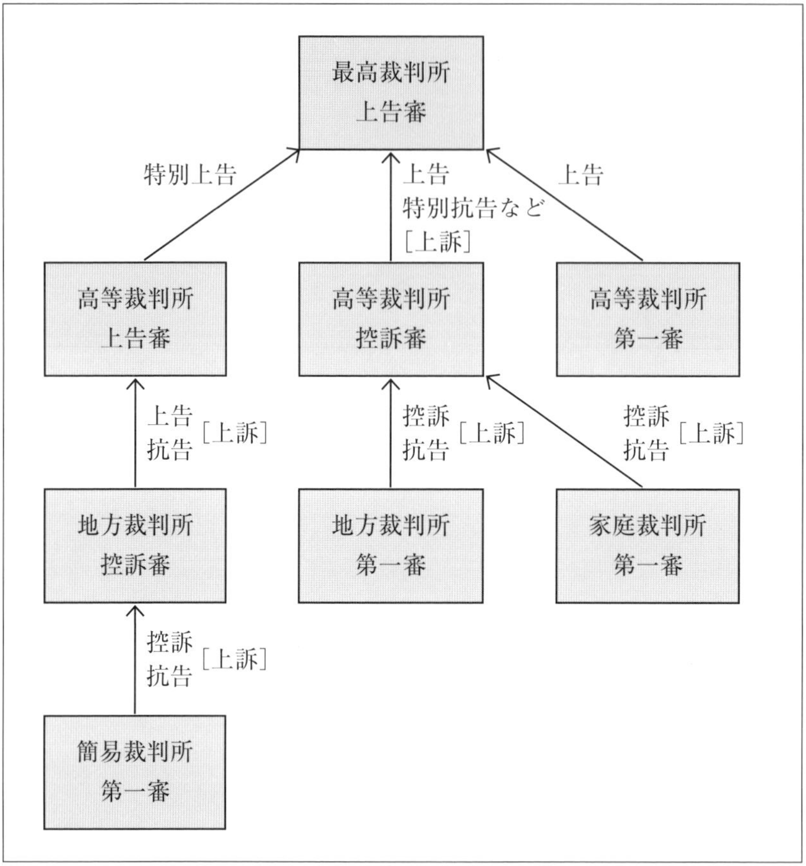

チェックポイント

- 制度は往々にして複雑なものが多いので、その中でも核となる部分を中心に図式化し、全体像がイメージできるような図を書くようにします。

図式化するにあたっては、細か過ぎる情報は省くようにしましょう。一度自宅で図を書いてみて、実際に授業で訓練するとよいかも知れません。図には、上記で掲げた以外にも、図表なども有効です。授業内容にあわせて、自分が得意とする図を早めに習得しましょう。

9 ノートのとり方を学ぼう ——ノートをとる方法

大学の講義は、高校までの授業と違って、黒板に書かれた内容を写していればいいわけではありません。大学の講義では、先生が黒板に書くことがあまりなく、ほとんどが口頭での説明になります。そうなると、どのようにノートをとればいいのでしょうか。ここでは、ノートのとり方の基本を学びましょう。

【課題１】ノートのとり方を考えよう

次の方法のうち、どのスタンスで授業に挑むべきか、考えてみましょう。

A　授業に集中するためにノートは必要最小限にする。
B　後で整理するために、先生の話したことは一言も漏らさずノートに書き写す。
C　授業を録音しておき、授業中はノートをとらない。
D　友達にノートを後で借りればいいので、授業中はノートをとらない。

ノートをとることの意味は、後で見返して復習するためにあります。もちろん、ノートをとる作業自体、目、耳、手を使って作業を行うことで知識を体に染み込ませることになるわけですが、それだけで知識を獲得することはなかなかできません。やはり、後で復習しなければ覚えられませんし、何といってもテスト前にはノートの見直しが不可欠な作業になります。

そうなると、勉強するのに効果的なノートを作成したくなるわけですが、大学の講義では先生が口頭で話すスタイルがほとんどで、途中で考える余裕すらないほど、どんどん先に進んでいってしまいます。しかも、最初のうちは予備知識もないわけですから、どこが重要なのかですら、わからないことも多々あります。そのため、最初のうちは、ひたすら先生の話す内容をノートに書き写すという作業が重要です。「ノートをとるのに精一杯で授業内容を理解できなかった」ということがあっても、心配ありません。後でノートを整理していくうちに、徐々に重要なポイントや内容がわかってくるからです。

従って、望ましいノートのとり方はBです。最初のうちは、ひたすらノートをとりましょう。なお、Cは先生の許可が必要ですし、後で聞き返しながらノートをとるのは二度手間になってしまいます。Dは自分で作業していないので、授業の内容をきちんと理解できない可能性が高いです。

また、最近では、レジュメや資料を配ったり、パワーポイントを使ったりする授業も増えてきています。レジュメがある場合は、授業中に先生の話している内容をどんどんレジュメに書き込んでいきましょう。パワーポイントの場合は、気を抜くとどんどん画面が変わってしまうので、これまたひたすらノートをとる必要があります。

なお、授業後、聞き逃した点、見逃した点、わからなかった点については自分で調べて、ノートに補足していきましょう。

チェックポイント

- 最初のうちは、先生の話すことをひたすらノートに書きとる必要があります。

【課題2】わかりやすくノートをとってみよう

以下の説明について、黒板の記載事項も利用しながら、自分がわかるようにノートをとってみましょう。

〈A先生の憲法の授業にて〉

「……以上のことから、憲法の保障する人権規定は国に対する防御権であると解されるため、憲法の人権規定を私人間にそのまま適用できるわけではないわけです。けれども、企業や団体などの社会的権力が強くなっていくと、それらが個人の人権を侵害するようなケースが目立ってきます。こうした状況に対して、ただ手をこまねいているだけでは、憲法の人権規定の意義が薄れてしまいますよね？　そこで、こうした状況に対応するため、私人間の問題についても、民法90条など私法の一般条項に、憲法の趣旨を取り込んで解釈する間接適用説が通説となっています。つまり、私人間の争いには法律を適用して解決するわけだけど、この形を維持したまま、その法律の中に憲法的規範を入れ込むかたちで法を解釈・適用する。これが間接適用説という方法です。

【黒板】
憲法の人権規定　→　対国家
私人間の問題　→　間接適用説

まずは、黒板を写す必要があります。その後、先生が黒板の説明をするでしょうから、先生の話している内容をうまく黒板の内容にあてはめる形でノートをとることができればいいですね。もちろん、何をいっているかよくわからない場合は、黒板を書き写した上で、先生の話す内容をひたすらノートをとっていきましょう。もし、ある程度内容がわかるようであれば、黒板の内容を肉付けしていく感じで、先生の説明をつけ加えていくといいですね。その際、自分の説明と分けるために、黒板の内容を太字にしたり色を変えたりするといいでしょう。下記にノート例を挙げておくので、自分の想定したノートと比べてみましょう。

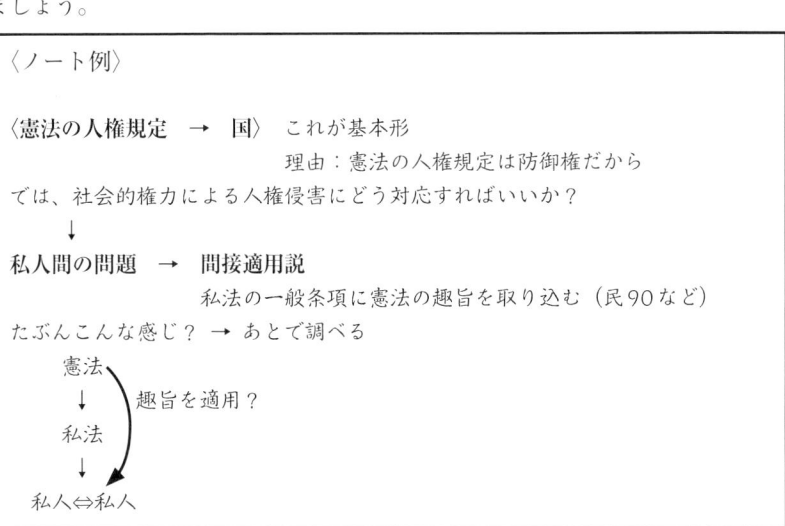

〈ノート例〉

〈憲法の人権規定　→　国〉　これが基本形
理由：憲法の人権規定は防御権だから
では、社会的権力による人権侵害にどう対応すればいいか？
↓
私人間の問題　→　間接適用説
私法の一般条項に憲法の趣旨を取り込む（民90など）
たぶんこんな感じ？ → あとで調べる

憲法
↓　　趣旨を適用？
私法
↓
私人⇔私人

チェックポイント

- 板書の内容と先生が話した内容は区別できるようにノートをとる必要があります。
- 余裕があれば、板書内容を肉付けする感じでノートをとるとわかりやすくなります。

【課題3】ノートのとり方を工夫してみよう

以下の説明について、自分がわかるようにノートをとってみましょう。

〈B先生の刑法の授業において〉
……じゃあ、次は故意と過失の話をするぞ。こんな事案を考えてみよう。ある日、Xは混雑した道を歩いていた時に通行人Yとすれ違った。その際、お互いの肩が少し触れた。Yは「すみません」と謝ったが、ものすごく短気なXはYに殴りかかった。Xは右こぶしでYを殴り、殴られたYは後ろにいたZにぶつかり、両者ともに道に倒れ込んだ。その結果、Yは顔面に負傷、Zは倒れ方が悪く骨折した。さあ、この事件で、XはYとZに対してそれぞれどんな罪が成立するか。Yに対しては、当然怪我をさせることを意図して殴っているわけだから、暴行や傷害の罪が成立するってわかるよな。故意があるわけだ。ところが、Zに対してはどうか。Xが認識した事実と実際に発生した事実が違うわけだから、Xには故意がないとして過失傷害になる可能性もある。だが、暴力行為に出た以上、Xが認識しなかった結果についても責任があると考えれば、故意があるともいえる。故意か過失かで量刑にも違いが出てくるから、どちらを選ぶかは大きな問題になるぞ。

今回の問題では板書がありません。なので、内容がよくわからなければ、ひたすらノートをとり、後で調べることになります。もし、多少なりともわかるようであれば、自分で図を書きながらノートをとると、頭に入りやすくなります。特に、今回のように、何人かの登場人物が出てくる場合、図に書いた方がノートをとりやすいといえます。その場ではうまく図を書けなかった場合でも、後で復習する際には図式化してみるといいでしょう（⇒セクション2第8章）。下記に図式化の例を挙げておきます。

〈図式化の例〉

故意と過失

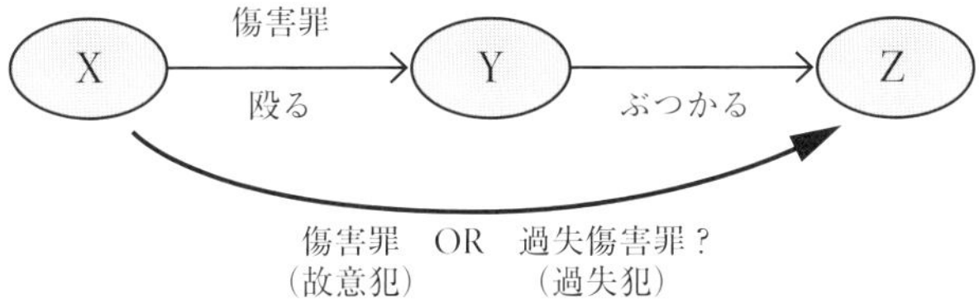

Xが認識した事実と実際に発生した事実が違う
Xには故意がない→過失傷害罪
暴力行為に出た以上、Xが認識しなかった結果についても責任がある→傷害罪

チェックポイント

- 複数の登場人物が出てくる場合には図式化しておくと、あとで見直すときにわかりやすくなります。

Column　ノートやメモをとる行為

ノートやメモをとる行為は、情報を摂取するために必要な行為です。法廷内でメモをとる自由があるか否かが争われた事件で最高裁は、「さまざまな意見、知識、情報に接し、これを摂取することを補助するものとしてなされる限り、筆記行為の自由は、憲法21条1項の規定の精神に照らして尊重されるべきであるといわなければならない。」と述べています（最大判平成元年3月8日民集43巻2号89頁）。授業に出たからには、ノートをしっかりとって内容を習得していきたいものですね。

10 論点・論証カードを作ってみよう——知識の整理

この章では、論点・論証カードの作成について学んでいきます。ここでいう「論点カード」とはおなじみの英単語帳のようなものです。他方で、「論証カード」はこれまであまり作った経験はないかもしれません。いずれも法学の学習をするために非常に有効な方法の一つです。特に、法学は範囲も広くて覚えることも多いから苦手という人や、論述試験が苦手だという人には、これらのカードを作る過程で勉強をするための要領を身につけることができるでしょう。

【課題1】論点カードはどうやって作るのか、また、どう役に立つのか考えてみよう

論点カードは、英単語を覚える際に使うリングで綴じるタイプのカードを用いて作成します。例えば、次のように使います。

(表面)	(裏面)
三権分立でいう「三権」。	立法権・行政権・司法権

クイズのように表面に質問、裏面に答えというようにして論点カードは作成します。授業中に出てきた重要な法律用語や、著名な判例の名称、犯罪構成要件など、ちょっとしたことでもカードにしておく癖をつけてみましょう。択一問題の選択肢から○×で答えられる問題を作ってみるのも有効です。論点カードはオリジナル教材の作成を通じて復習をすることにもつながります。

持ち運びも便利なので、場所を選ばずに勉強することができます。例えば、電車の中やバスの待ち時間などに少しでも見ておくことで、授業や教科書の内容理解がより進むことでしょう。

✔ **チェックポイント**

- こまめに論点カードを作って持ち歩き、空いた時間で復習することが重要です。

【課題2】論証カードの役割や特徴、構造を知ろう 授業のノートとは何が違うのか考えよう

ちゃんと授業を聞いて、ノートをとっている人でも、期末試験で論述問題を出されると、なかなか良い点数が取れないことがあります。そういう人ほど、「自分は暗記が苦手だから」と考えがちですが、法学の領域は非常に広いですから、そもそも暗記で対応しようとしても限界があります。

そこで、授業やノートの内容を簡潔にまとめた「論証カード」を作成することが非常に役に立ちます。論証カードの作成は、特定の論点に関する重要なキーワードや判例、解答の流れなどを理解し、覚えるのに役立ちますし、論証カードの整理の仕方から法学の体系性を学ぶことにもつながります。

まず、実際にどのようなものか見てみましょう。

No.1 － 31	**外国人の人権享有主体性**
問題提起	外国人に憲法上の人権保障は及ぶであろうか。憲法第3章が「国民の権利」としていることから問題となる。
論証1 ①定義 ②条文 判例（マクリーン事件）	↓そもそも ①人権とは、**自然権思想**に由来する人格的生存に不可欠な権利であり、 ②憲法の**国際協調主義**（前文・98条2項）から、 原則として、外国人の人権享有主体性を肯定すべきである(マクリーン事件最大判同旨)。
論証2 外国人の地位の特殊性	↓もっとも 外国人とわが国との関係は、**一時的場所的**なものにとどまり、日本国民のような恒久的身分的結合関係にはない。
制約根拠	↓従って 日本国民と全く同様に保障されると解することはできない。
結論（性質説）	↓そこで 個別の人権の性質上、日本国民のみを対象とするものを除き、外国人にも人権保障（第3章）が及ぶと解するべきである。

論述の基本は、①問題提起（論点）→②理由付け→③結論で成り立ちます。論点カードは、1枚につき一つの論点について論述の基本的な内容を抜き出して作成します。後で論証カードを加えたり、取り替えたりできるように（加除式）、左端に穴が開いた紙で作成することが一般的です。これをリングの付いたファイルに綴じて整理していきます。紙はA5サイズのものが市販されていますが、授業のノートで使うA4のルーズリーフでも代用できます。また、手書きではなく、パソコンで作成しても構いません。

作成するにあたっては、全体を4つのパーツ（欄）に分け、①左上に通し番号、②右上に論点名（タイトル）、③左下に項目名、④右下に論証を書くようにします。

チェックポイント

- 論証カードは、論述（アウトプット）を意識して作成しなければなりません。

【課題3】論証カードの整理の仕方を身につけよう

論証カードは体系的に整理していくことが特徴の一つです。ノートが授業で扱った内容を順番に記すものであるのに対して、論証カードはそれぞれの法律科目の分野が持っている「体系」に沿って整理していきます。従って、授業で扱っていない論点であっても、自分で勉強して発見したものについては論証カードを作成し、体系的に整理します。こうした作業をしていくことで、法律科目についての幅広い知識を得ることができます。通常、授業で指定される教科書は、この体系を踏まえて作成されています。ある程度カードがたまったら、整理のための通し番号を打っておくと便利です。

チェックポイント

- 論証カードは、それぞれの法律科目の「体系」に沿って整理していきます。

【課題4】論証カードの項目には、何が書かれるのかを知ろう

論証部分（右下の欄）の中で何を論じているのか、一見してわかるように項目名を付けることも（左下の欄）、論証カードの特徴の一つです。

作成する人のためのメモのようなものですから、具体的に何を書くかについての決まりはありません。ただ、一般的には「問題提起」と「結論部分」が必

要となるでしょう。問題提起というのは、その論点がなぜ問題となるのかを示す部分です。それに対応するように、最後に結論部分があることも確認できましたか。このように「問題提起」と「結論」で「理由」をサンドイッチのように挟みこむのが論証の構造で、それが一見してわかるようにするのが項目欄の役割です。

必ず出てくるとは限りませんが、主要項目として次の(1)〜(4)が挙げられます。逆にいうと、ノートをとるときや予習・復習をするときなどは、下記の項目を意識しながら勉強をして、試験のときにはそれらがパッと出てくるように日頃から工夫すべきということになります（⇒セクション2第9章43頁）。

(1) 定　義

まずは言葉の定義が重要です。「〜とは、…である。」の構文で言葉の説明ができるかどうかで、その言葉を正確に理解して用いているかが試されます。定義は暗記をするのではなく、そこに含まれる不可欠の要素を自分なりの言葉でつなげていくことが望ましいです。

(2) 条　文

法律論の出発点は、法令の条文です。権利を主張するにしても、具体的にどの法令の何条にどのように書いてあるのかが参照されなければなりません。セクション1の様々な事例でもそうした勉強をしたことを思い出してください。また、条文に明確に書かれていなくても、解釈によってその内容を明らかにすることができることを思い出してください（⇒セクション2第6章29頁）。なお、条文番号や条文そのものを暗記することが、ここでの目的ではありません。

(3) 制度趣旨

条文の解釈をする上で、どうしてそのような制度が存在するのか、なぜある権利が制限されるのか、その本質的な理由を探っていく作業が欠かせません。こうした作業を通じて、法の要求する原則は何か、例外は何か、また、例外に至る場合の根拠はどういったものかといったことを知る手がかりを得ます。

（4） 判　例

条文のすき間を埋めているのが判例です（⇒セクション2第7章34頁）。

✓ チェックポイント

● 論証部分の左側の欄には、右の欄の文章が何を論じているのかを簡潔に示します。これにより、文章の流れを簡単に知ることができます。

【課題5】 論証部分の特徴を知ろう

論証部分の特徴として、①文章が簡潔であること、②接続詞の部分が矢印で結ばれていること、③重要な語句が強調されていること、などが挙げられます。

論証カードは、書き込むスペースも限られていますので、問題提起と結論部分、それらに対する理由について、必要不可欠な文章だけを簡潔に記載することになります。いわば文章の骨組みだけで十分なのです。

ただし、箇条書きとは違って、文章の流れがわかるものでなければなりません。そこで、短い文章を結ぶ接続詞を矢印で示すと、その流れが一目でわかります。長い文章を書くためには、接続詞の使い方が適切でなければなりませんので、その点に注意しながら、論証カードを作る必要があります。

さらに、論証に不可欠な重要な語句については、下線やマーカーを引いたり、書体を変えたりするなどして強調します。必要に応じて、項目欄に語句を書き込んで置くのもいいでしょう。

上記のルールに従って、教科書などに書かれた長い文章を「分解」してみると、文章の構造がよくわかるようになります。また、自分が文章を書くことも意識しながら、論証カードを作成することも重要です。勉強には、インプット（覚えたり理解したりすること）とアウトプット（文章にしたり表現したりすること）の両方が必要になりますが、論証カードは両者を結びつける道具なのです。

✓ チェックポイント

● 論証部分の文章が長くならないようにして、文章の構造を知ることが重要です。

11 試験の問題形式の解法を考えよう——試験対策①

多くの大学では、期末試験や定期試験というかたちで、学期末または年度末に筆記試験が行われます。この章では、主に法学部で出題される試験を念頭に、勉強の仕方や答案の書き方を身につけます。

【課題1】

次のA君とB君の会話に出てくる試験問題の形式を全て挙げ、その上で、それぞれの問題を他の問題へと作り直しましょう。

〈帰り道の電車の中で〉
A君：今日の期末試験どうだった？
B君：うーん、あんまりできなかったな。出題のされ方が意外過ぎて…。
A　：俺のクラスでは、「Y市立図書館は、日頃からY市民の憩いの場として多くの市民が利用している図書館である。しかし、多くの図書館利用者から、一部の高校生や中学生の利用のマナーが悪いとの苦情が寄せられたため、Y市立図書館は、図書館の静穏な環境維持のため、現存のY市立図書館規則に、一律に未成年者の入館を禁止する規定を新たに設けた。当該規定の憲法上の問題点を論ぜよ。」っていう長い問題だったよ。
B　：そっか。うちのクラスは、「新しい人権について述べよ。」の一行だけだったよ。
A　：なんで、同じ憲法の試験でここまで出題形式が違うのかな。
B　：なんか、D先生のクラスでは、定義問題と択一問題だけだったらしいよ。
A　：そうなんだ。民法の試験は、確か、○×問題と穴埋め問題が大半だって先生がいってたな。
B：となると勉強の仕方を考えないとなあ…。

（1） **試験の問題形式**

みなさんは、試験問題はどれも同じだと思っていませんか。しかし、実際にはいくつかの形式があり、それらを把握しておくことは勉強方法にも役立ち、とても重要です。そこで、まずは問題形式から見ていきましょう。

多くの試験問題は、主に、以下の6つに分類されるでしょう。

①○×問題（e.g. 行政法というタイトルがついた法律がある。）
②択一問題（e.g. 次のうち、国家を構成する国家三要素説において、妥当でないものを選択しなさい。　ア：主権　イ：領域　ウ：国民　エ：予算）
③穴埋め問題（e.g. わが国の刑罰の種類には、生命刑、自由刑、そして（　　　　　）の三種類がある。）
④定義問題（e.g. 懲罰的損害賠償とは何か、答えなさい。）
⑤一行問題（e.g. 新しい人権について論じなさい。）
⑥事例問題（e.g. A君のクラスで出題された問題）

このうち、①～④は主に知識を問う問題であり、⑤・⑥は知識＋思考力が問われているといえるでしょう。本章では、基礎知識が問われる①～④の問題形式の特徴について見ていきます（⑤、⑥についてはセクション3第14章参照）。

✔ チェックポイント

- 何を問われているのかをまず知ることが大切です。

（2） **知識問題の勉強方法を知ろう**

○×問題、択一問題に共通するのは、正誤がはっきりしていることです。法律用語や概念など、基本的な事柄が問われることが多いでしょう。穴埋め問題も同様に知識が問われていますが、特に穴埋めになっているところは、出題分野の核となっている箇所が出題されることが多いでしょう。定義問題は、穴埋め問題をさらに難しくしたものといえますが、一語一句覚えようとするのではなく、ポイント、ポイントを押さえるように勉強しましょう。中には、定義問題の意味を理解せずに、問題文をそのまま書いてしまう学生がいます。例えば、“懲罰的損害賠償とは何か”という問いに対して、「懲罰的に損害賠償を命じること」と解答する場合です。これは、全く正しくないとまではいえませんが、当然ながら、点数がもらえる解答ではありません。それが一体どのような内容で、通常の損害賠償とは何が異なるのかということを書かなければ、定義にはなっていないわけです。また、これは全ての試験問題に共通していえることですが、漢字の書き間違いには注意しましょう。

（e.g.）○国政調査権　×国勢調査権

（3）　問題文中の言葉に気をつけよう

択一問題などは、時間との勝負になることもあります。そのため、明らかに不正解である肢を見つけることが重要となってきます。そこで、判断基準となるいくつかの文言を以下、見ていきましょう。

①「絶対」や「必ず」など。

確かに、憲法21条2項の行政権が主体となる検閲は絶対に禁止される、という場合のように、「絶対」が使用されることがないことはありません。このように、断定した言い回しがなされている選択肢が、“絶対”間違っているということはありませんが、それらの文言が見られた場合、まず疑ってかかりましょう。

②「学説は一致している」

法学の勉強では学説の理解が大事になってきます。その中でも通説の理解に対しては、択一問題などでもよく問われる箇所です。しかし、通説や支配的見解、多数説などは、多くの研究者が同様の見解を持っていることであり、必ずしも「すべて」の研究者が当該学説に賛同しているわけではありません。従って、「学説が一致している」や「他の見解は見られない」などとなっている場合も、大抵その肢は間違っていると思っておきましょう。

チェックポイント

- 授業中に担当教員が繰り返し説明したり、テキストの中から取り上げたりした箇所、その他、先生によっては授業中に「ここは大事ですよ」などと強調していた箇所は、出題される可能性が高いと考えられます。

- 授業中にノートをきちんととって、自宅で特にそれらの箇所を重点的に復習することが大切です。
- 事前に、期末試験の出題形式がわかっていればそれに応じた対策をとることが不可欠です。特に、論述問題以外の場合は、キーワード、重要判決の判旨、通説（または多数説）の核となる主張などを中心に勉強することから始めましょう。

Column　法令の分類

通常、法令は、一般法と特別法に分類されます。それぞれの意味は、文字通り、一般法とは広く適用されるもの、特別法はある領域に限り適用されるものです。例えば、刑法は一般法にあたりますが、少年法は刑法（及び刑事訴訟法）の特別法にあたります。これは、刑法が広く一般に適用されることに対し、少年法は20歳未満の者に適用されるという点で対象が限定されているからです。一般法・特別法以外にも、法令を、公法と私法、実体法と手続法などに分類することができます。前者について、公法とは国家同士や国家と私人を規律するもの、私法は私人間を規律するもので、例えば、公法には憲法や刑法などが、私法には民法や商法などがあたります。実体法と手続法については、実体法とは権利義務の発生など法律関係の内容を定めたもの、手続法はその内容を具体化させるための手続きを定めたもの、という観点から分類されます。例えば、実体法には民法、刑法などが、手続法には民事訴訟法、刑事訴訟法などがあたります。

12 調査と引用の仕方を考えよう ――リーガルリサーチ

多くの大学では、ゼミと呼ばれる演習形式の授業が設置されています。ゼミでは、例えば、個人発表、グループディスカッションなど、レジュメを用いて報告することが求められます。そこで、本章では、主にゼミで使用するレジュメ作成を念頭に学習していきましょう。

【課題1】

実際に、以下のものを調べてみましょう。

①昭和55年10月9日に、裁判所で下された判決はいくつあるか答えなさい。
②我妻栄教授が、1966年10月に発表した論文のタイトル、掲載雑誌名、掲載頁を答えなさい。
③宇奈月温泉事件の判決文を入手しましょう。

(1)　図書館に行ってみよう

図書館は大学により、その規模も機能も異なっています。いざ初めて図書館に入ってみても、何がどこにあるか全然わからないということは誰もが経験し得ることです。特に法学部(系)の学生であれば、**【課題1】**のような問題は図書館ですぐに調べられるように、早いうちから図書館へ行き、訓練しましょう。以下、図書館を利用する上で知っておくべきことがらを見ていきましょう。

①書籍、雑誌の違いを理解しよう。

・書籍とは一般的に図書のことを指します。教科書やテキストといった場合もこの書籍にほとんど含まれます。

・雑誌には、大きく分けて、(i)法学系の雑誌、(ii)大学などから出版される紀要、(iii)学会誌と呼ばれる、学会から出版される雑誌があります。(i)で主要なものには、「法学教室」（法教)、「法学セミナー」（法セミ)、「法律時報」（法時)、「判例タイムス」（判タ)、「判例時報」（判時)、「ジュリスト」などがあります。(ii)は、各大学によって、大学名を入れているもの（e.g.「千葉大学法学論集」)、そうでないもの（e.g.「国家学会雑誌」)、さまざまあります。(iii)に関しても、法学の分野によって様々な雑誌があります。（e.g.「比較法研究」）

これらの雑誌は、多くの場合、最新号の雑誌を置いてある雑誌コーナーや大学によっては法学部図書館（資料室）のような、法学雑誌のみを配架しているところで手に取ることができます。

②論文とは何かを知ろう。

おそらくみなさんは、授業の中で一度は、先生が「論文の締切が間に合わないよ」という愚痴を聞くことになるでしょう（もしくは既に聞いたなんていう人もいるかもしれません)。論文とは、試験における論述式（⇒セクション3第14章）のことを指すこともありますが、一般的には、先生（学者）が書いたものを示します。論文は、書籍や雑誌などの媒体を通して発表され、学説という場合は、それら論文に示された見解を指しています。論文の多くは紙媒体でしか手に入りませんが、近年はデータベース化し、PDFなどでオンラインで見られることもできます。

✔ チェックポイント

- レファレンスカウンターでわからないことは職員の方に聞くことも大切です。
- 図書館案内などの冊子やパンフレットも必要となるときがあります。

【課題2】

ゼミで、共同正犯について報告せよと指示されました。どのように報告準備をすればいいのでしょうか。

(1)　手がかりを見つけよう

法学のゼミでは、①テーマ（例えば、共同正犯について報告せよなど）を与えられる場合、②判例報告/評釈（○○事件について報告せよ)、③事例問題（実際に起きている社会問題や担当教員が作成する架空の事例を素材としたもの）などが課題として与えられる場合が多いでしょう。では、ゼミで報告を担当することになった場合、まず何から始めればいいのでしょうか。

上記の①～③のいずれであっても、必ずキーワードが存在します。①であれば、当然、そのテーマ自体がキーワードですし、②であっても、多くの場合、何をテーマとした判決か明らかです。少し困難であるのは③の事例問題でしょう。もっとも、ゼミで素材となる事例の多くは過去の判例を素材としているものが多く、また、問題文中には既に学習したであろう分野を思い起こさせるようなキーセンテンスがあるはずです。何かしらのキーワード（余裕がある人は論点も）をいち早く見つけることから始めましょう。

チェックポイント

- 関連するキーワードをもとに、文献を手に入れます。

（2） 検索方法をマスターしよう

キーワードを見つけたら、次は調査にとりかかりましょう。ここでの調査対象は、判例及び学説です。

※判例の入手方法

①裁判所のホームページ　http：//www.courts.go.jp/

②Lex/DBインターネット　＊大学が契約する契約サイト

③Westlaw Japan（ウエストロー・ジャパン）　＊大学が契約する契約サイト

④D1－Law.com　＊大学が契約するサイト

これらのサイトでは、判決文の登載番号がわかっている場合は直接入力し、わからない場合は、キーワードを入力することで、判例を網羅的に検索することが可能です。また、②～④は、判例以外にも、法令などを検索することも可能です。

また、主要な科目については、判例百選を代表とする、多くの判例集が刊行されています。それらの判例集の多くは、執筆者が項目別に主要判例をピックアップし、かつ、判決理由の重要な箇所を抜き出し、場合によっては解説を加えています。それらの各種判例集も参考となるでしょう（ただし、自分の力試しをしたい者は、判例集ではなく、上記判例検索システムから探してみましょう）。

※学説（邦語文献）の検索方法
①CiNii
②各大学独自の蔵書検索システム
③NDL（国立国会図書館）
④Magazine Plus　＊大学が契約するサイト

これらのサイトでは、キーワードを入力することで（AND検索やOR検索など）、書籍や学術論文のタイトルがヒットし、それらが図書館に所蔵されている場合には、実際に手にとって確認することもできます。万が一所蔵されていない場合には、所蔵している他の大学などの図書館に複写や場合によっては貸出を申請することもできます。

学説を調べる上でポイントとなるのが、一つ手がかりとなりそうな書籍や論文を入手し、そこで引用されている書籍や論文を芋づる式に探していくことです。このような方法は、ときに、キーワード検索でヒットした論文などが膨大な数にのぼる場合やテーマを絞りたい場合に有効です。

（3）　引用する上での約束事を守ろう

文献を入手し、それらを読んで、いざレジュメを作る段階にきました。具体的なレジュメの作成方法は、次章に詳しく書いてありますので、ここでは、引用する際の簡単なルールを押さえておきましょう。法学を含めたアカデミックの世界では、上記のように何かを参考にし、実際に引用する場合には、守るべきルールが存在します。

①盗用禁止

ある著作物から引用する場合、それをあたかも自分が述べているかのように（さらにいえば、あたかも自分が発案したかのように）明記することは禁止されています。

②引用した場合には、必ず出典を明らかにすること

表記の仕方は次項目を参照。

③インターネット上の情報はあくまで参考程度に

Wikipedia や Yahoo 知恵袋などは、必ずしも正確な情報を反映しているとは限りませんし、いつ削除されるかもわかりません。何よりも、「誰が」書いているのか不明な場合がほとんどであるため、信憑性にも問題があります。従って、これらを参考文献として引用することは控えましょう。

チェックポイント

- 検索システムを使いこなすことがリーガルリサーチにおいて最も重要です。
- 論文などで引用されている文献を活用します。
- 剽窃は禁止されています。

（4） 表記の仕方を覚えよう

では最後に、引用した際の表記の仕方を学習しましょう。およそ、法学における引用の仕方は、多少の違いはあるにせよ統一されており、基本的に以下のとおりになっています。

①書籍の場合：著者名『タイトル』（出版社、出版年）該当頁。（書籍全体を参照した場合は、該当頁を示さなくてもよい。）

（例）

・大林啓吾『憲法とリスク』（弘文堂、2015年）○○頁。

・末川博編『法学入門（第6版）』（有斐閣、2009年）○○頁。

・曽和俊文＝金子正史編著『事例研究　行政法（第2版）』（日本評論社、2011年）○○頁。

・我妻栄ほか『民法3　親族法・相続法（第3版）』（勁草書房、2013年）○○頁。

・ジェレミー・ウォルドロン（長谷部恭男ほか訳）『立法の復権――議会主義の政治哲学――』（岩波書店、2003年）○○頁。

チェックポイント

- 書籍の場合、必ず二重鍵括弧『　』にします。
- 著者名のあとには、‘著’はつけないが、編または編著の場合はそれらを明記します。
- 著者が複数いる場合は、「・」または「＝」で結びます。また、特段、ある箇所（頁）のみを引用するのではなく、当該書籍全体を参考にした場合は、該当頁は書きません。
- 著者が三人以上いる場合は、一人のみ書いて、他（ほか）として残りの著者を省略することもできます（著者の数が多くない場合は、全員書いても構いません）。

②雑誌の場合：著者名「タイトル」雑誌名巻号（出版年）該当頁　または
著者名「タイトル」雑誌名巻号　該当頁（出版年）

（例）

・上田竹志「民事訴訟法入門　その学問としての魅力」法セミ58巻4号（2013年）27～28頁。
・鹿野菜穂子「学説を学ぶ」法教367号35頁（2011年）
・岩谷十郎「始まりの法律学：実務・法典・解釈」法時84巻3号（2012年）52頁以下、54～55頁。

チェックポイント

- 雑誌の場合、必ず一重鍵括弧「　」にします。
- 著者名のあとに、「著」をつけません。

③書籍の中に複数の論文があり、そのうち一つのみを引用する場合

（例）

・大林啓吾「表現の自由と知的財産――ドメイン名をめぐる憲法問題」大沢秀介ほか編著『憲法.com』（成文堂、2010年）136頁。
・大林啓吾「表現の自由と知的財産――ドメイン名をめぐる憲法問題」大沢秀介＝葛西まゆこ＝大林啓吾編著『憲法.com』（成文堂、2010年）134頁以下、138頁。

④レジュメの最後にまとめて明記する場合

レジュメの場合、脚注として下段に引用箇所を書く場合もありますが、最後に参考文献として列挙することが一般的です。その場合、レジュメの本文で、ある一文を引用した際は、「・・・・・・・・・・・・・」（水道橋・36頁）とし、参考文献の欄で、上記の方法に従って引用することも可能です。なお、水道橋氏の著作を複数引用する場合は、どの文献かをはっきりさせるため、「・・・・・・・・・・」（水道橋(i)・46頁）とし、参考文献の欄では、(i)、(ii)のようにナンバリングをしましょう（①、②やI、IIでも構いません）。

※以下のサイトは、表記の仕方に際して有用でしょう。

http：//www.law.kobe－u.ac.jp/citation/mokuji.htm（2013年12月現在）

※海外の文献の表記の仕方については本書では触れていませんが、卒業論文などを執筆する場合で、海外の論文を読んでみようという意欲的な学生には、以下の書籍がおすすめです。

田島裕『法律論文の書き方と参考文献の引用方法』（信山社、2012年）

書籍を引用する場合は、当該書籍の最後のページに、奥付と呼ばれる下記のようなページがあるので、そこから必要なデータを得ることができます。

はじめての憲法学　第2版

2004年 1 月10日　初版第1刷発行
2010年10月 1 日　第2版第1刷発行
2013年11月10日　第2版第5刷発行

編著者　中村　睦男
発行者　株式会社　三省堂
代表者　北口克彦
印刷者　三省堂印刷株式会社
発行所　株式会社　三省堂
〒101-8371　東京都千代田区三崎町二丁目22番14号
電話　編集　(03)3230-9411
営業　(03)3230-9412
振替口座　00160-5-54300
http://www.sanseido.co.jp/

Ⓒ M. Nakamura, 2010　Printed in Japan

落丁本・乱丁本はお取替えいたします。〈2版はじめての憲法学・272pp.〉
ISBN 978-4-385-32187-5

Ⓡ本書を無断で複写複製することは、著作権法上の例外を除き、禁じられています。本書をコピーされる場合は、事前に日本複製権センター（03-3401-2382）の許諾を受けてください。また、本書を請負業者等の第三者に依頼してスキャン等によってデジタル化することは、たとえ個人や家庭内での利用であっても一切認められておりません。

13 ゼミで報告しよう——レジュメの作り方

大学の授業の醍醐味は、何といってもゼミでの活動です。ゼミでは、少人数で報告をしたり議論をしたりします。特に、報告という作業は、自分で問題設定を行い、文献を調べ、レジュメを作成することになるので、ここではじめて主体的かつ本格的な勉強をするといってもいいでしょう。ここでは、ゼミでの報告の準備や方法を勉強します。

【課題1】

A君は1か月後にゼミで報告することになりました。与えられた課題は、「最近の社会問題の中から関心のある法的テーマを選び、それを報告しなさい」というものでした。A君は、DV問題に関心があったので、「DVについて」というタイトルで次のような内容（目次および要旨）を考えています。これを見て、タイトルと構成内容について問題点を指摘してください。

＊DVとは、ドメスティックバイオレンスのことです。

> タイトル「DVについて」
> 目次　1　DV　　2　DVの問題　　3　まとめ
> 要旨　DVを調べて、どのような被害がでているのかをチェックする

（1）　問題テーマを設定しよう

法学部のゼミで報告するからには、問題テーマを設定して、それを解き明かす（考察／検討）ことが課題となります。法学という学問は、社会問題を解決するためにあるわけですから、対象となる問題を設定して、それを分析し、解決方法を探る必要があるのです。そのため、まずは何を問題にするかが重要になります。

ところが、A君のタイトルは「DVについて」としか書いていません。しかも、目次を見ると、DVを取り上げたいことはわかるのですが、何を検討したいのかがまったくわかりません。要旨ではDV被害を分析したいことが書かれていますが、それは単なる状況把握にすぎませんから、法的分析にはなっていません。DVを法的に検討するなら、DVの何が問題で、それをどのように分析し、いかに解決すべきなのかを考えなければならないのです。

チェックポイント

- ゼミの報告では、問題設定、分析、解決策のポイントを押さえることが重要です。

（2） 適切なテーマを選ぼう

それでは、どのようなテーマが法的な問題といえるのでしょうか。それは、法的分析が可能なテーマでなければなりません。いい換えれば、法に関係するテーマであるということです。何が法に関係するものなのかについては一概にはいえませんが、例えば、何らかの形で法律や判例が関わっていたり、権利義務関係が生じる問題であったりすれば、法的分析がしやすいテーマといえます。DVであれば、DV防止法がありますから、法に関係するテーマといえそうですね。

次に必要な作業として、法的課題を見つける必要があります。そのテーマにはどのような問題が生じているのかを発見するわけです。DVでいえば、例えば、DV防止法がどこまで取り締まることができるのかなどの課題が思いつくわけです。

ここまでくれば、だいぶ見通しがついてきますが、まだ大事な作業が残っています。テーマ内容を絞り込むという作業です。これがそのままタイトルになる可能性が高いので、とても大切な作業になります。DVであれば、「DVの法的問題」ではまだツメが甘いです。もう少し踏み込んで、例えば「DV防止法における退去命令の意義と課題」くらいまで絞り込む必要があるでしょう。また、大きなテーマを掲げておいて、サブタイトルをつけるという方法もあります。

✓ **チェックポイント**

- テーマは、法的問題であること、法的課題が存在すること、テーマを絞ること、という作業を行う必要があります。

【課題2】

報告テーマを決めたA君は報告準備にとりかかることにしました。まず、関連する文献や資料を集め（資料収集については第12章参照）、要点を書き出してみて、分析枠組の構想を立てていきました。ゼミの先輩から、「ゼミで報告するときはレジュメを作らなきゃいけないよ」とアドバイスを受けていたので、A君は次のようなレジュメを作ることにしました。これは最初と最後の部分だけですが、それを見てよいと思われる点とよくないと思われる点を指摘してください。

> 「DV防止法における退去命令の意義と課題」
>
> ○月○日　　　　　　　　　　　　　　　　報告者○○○○
>
> （○○ゼミ）
>
> 目次　DV防止法、DV防止法における退去強制、意義と課題、まとめ
>
> DV防止法
>
> 配偶者からの暴力の防止及び被害者の保護に関する法律（はいぐうしゃからのぼうりょくのぼうしおよびひがいしゃのほごにかんするほうりつ、平成13年4月13日法律第31号）は、日本の法律。2001年10月13日に施行された。通称「**DV防止法**」。
>
> ～［省略］～
>
> まとめ
>
> DV防止法の退去命令は被害者を守るために重要な制度だけど、追い出される方も大変。DV防止法の退去命令の適用は状況に応じて判断するべきだと思った。

(1)　レジュメの記載事項を考えてみよう

レジュメは、報告を聞く人がわかりやすくなるようにするために提供する「報告の見取り図」のようなものです。大学の授業でも、概要を示したプリントが配られることがありますが、役割としてはそれとほぼ同じものです。レジュメの作り方には統一的なフォーマットがあるわけではありませんが、いくつか注意しなければならない点があります。

まず、大事なのは、報告を聞く側の立場に立って、わかりやすいように工夫することです。そのため、最初に、タイトル、報告日、報告者名、目次などを記載する必要があります。A君のレジュメには、それらがきちんと記載してありますから、これはよい点ですね。

また、「DV防止法」という見出しが記載されている点もよい点です。けれども、この見出しには数字がうってありません。見出しには必ず数字をつけましょう。

それから、レジュメの順序も大切です。順序は、①問題提起（何が問題になっているのか？／本報告で何を問題視するのか？）＋概要（報告内容の概要）―②状況（社会状況や法整備状況など）―③法的論点―④分析（判例、学説、他国との比較など）―⑤結論（＋参考文献）のような順にするのが一般的です。A君のレジュメは、いきなりDV防止法の説明になっていますが、これはよくない点です。まずは、問題提起から始める必要がありますので、注意してください。例えば、A君のレジュメの始まりは以下のようにするといいでしょう。

チェックポイント

- レジュメの順序は、①問題提起―②状況―③法的論点―④分析―⑤結論のようなスタイルが基本です。

・問題提起

昨今のDV被害の増加を踏まえ、平成13年にDV防止法が制定された。特に注目されるのがDV防止法には退去命令という強制的権限が規定された点である。この規定は、何としても被害者を守るという意気込みが感じられる。ただし、退去強制は住人を外に追い出すものであるから、侵害的性格が強い。そもそも国家が家庭内の問題に介入すべきなのか、そしてこのような強制的権限を発動することには住人の権利を侵害しないのか。本報告では、DV防止法の退去命令に関する分析を行い、その是非を考える。

Ⅰ　DV被害の増加とDV防止法

1　DV被害の増加傾向

……

（2）　**報告とレジュメの違いに注意しよう**

レジュメは、報告を理解しやすいように、聞く人の視覚に訴えるものです。一方、報告自体は口頭で行うもので、聞く人の聴覚に訴えるものです。従って、報告は口頭報告とレジュメを掛け合わせることで、格段によい報告になります。その際、それぞれの役割分担をきちんと意識することが大切です。レジュメは報告原稿ではありませんから、要点や要旨を記載したり、記号や図表を使って、聞く人の理解を助けるものです。そのため、報告とレジュメの内容がまったく一緒だと、レジュメの意味がなくなってしまいます。レジュメが報告原稿そのものにならないように注意しましょう。

✔ **チェックポイント**

- レジュメには、タイトル、報告日、報告者名、目次、見出しなどつける必要があります。

（3）　**レジュメができたら予行練習をしよう**

ゼミで報告する場合、たいてい報告時間が決まっています。与えられた時間が40分だったら、ちょうど40分で終わらせる必要があります。多少の時差は許されるでしょうが、長くても短くてもいけません。そこで、レジュメができたら、予行練習をして時間をはかりましょう。また、人の前に出ると緊張してしまって頭が真っ白になってしまうという人は、レジュメとは別に、自分用の読み原稿を作っておくといいでしょう。

✔ **チェックポイント**

- レジュメが読み原稿にならないように注意し、事前に予行練習をする必要があります。

14 論述試験答案の書き方——試験対策②

本章では、セクション3第11章で触れた問題形式のうち、論述形式の問題の解き方について学習します。論述問題は、大学の試験の最大の特徴といっても過言ではありません。大学に入るまでに小論文を習ったことがある人は、なんとなく論述の書き方のイメージは浮かぶかもしれませんが、そうでない人はいきなり論述問題を解けといわれてもちんぷんかんぷんでしょう。しかも、おそらく、たいていの授業は論述問題の書き方を教えないまま試験に突入することが多いので、「授業に出席していれば何とかなる」と思っていても、何とかならないことも少なくありません。そこで、本章では、法学部の論述問題の解法のイロハを見ていきたいと思います。

【課題1】

次の会話文を読んで、途中に出てくる過去問を素材にして、何をどのように書けばいいのかを考えてみましょう。

先生　　：今回の法学の期末試験は事例問題も出すつもりだから、その対策をしておくように。
学生たち：がやがや
A　　　：なんか、やりにくそうじゃない？
B　　　：そもそも、事例問題って何？
C　　　：先輩から聞いたんだけど、去年は一行問題だったらしいよ。
B　　　：え？　一行問題って何？？　一行で答えればいいの？？？
C　　　：ちなみに、これが去年の問題だよ。
　　　　「新しい人権について論ぜよ。」
A　　　：え？　なにこれ？まったく意味不明なんだけど。

C　　　：ちょっと、先輩を呼んで、解き方を教えてもらおうか。

(1)　論述問題の勉強方法を知ろう

「量より質」という言葉はよくいわれます。確かに、だらだらと長文を書くよりも、簡潔にまとめた答案の方が評価が高い場合が多いでしょう。しかし、多くの場合、大学の定期試験において論述問題が出題されたとき、数行で解答するということは期待されてはいません。（もしも、そのような意図が出題者にあれば、定義問題を出題するでしょう。）すなわち、論述問題では、それが一行問題であれ事例問題（下記、【課題2】参照）であれ、**必ず書かなければならないポイントが複数**あります。従って、それらを一つひとつ順序立てて書くことが求められるのです。

事例問題は、事例の分析という点において、一行問題とは異なりますが、一行問題も事例問題も、実は大きな差はありません。大事なことは、基本的な概念をどこまで理解しているのかであって、特に、条文、判例、学説（通説）の理解を問われることが多いでしょう。それらを理解するためには、繰り返しテキストやノートを見直して、「正確」な理解を心がけ、その上で、自分の自説を展開しましょう。基本的な理解なくして、自分の考えだけを書くことは、作文であって、答案ではありません。

(2)　答案の流れ

いきなり解答用紙に書き始めるのではなく、簡単な答案の流れを作成し、構成を整理してから書き始めましょう。

①構想を練る

・問題設定と論点

担当教員が何を学生に問うているのかを考えながら、問題設定を行いましょう。今回は、「新しい人権について論ぜよ。」となっているわけですから、ここでは新しい人権の意味が問われていると考えられます。まずは、この大きな問題を解くことを念頭に置きましょう。その上で、どんなことを論じればよいのかを考えていく必要があります。これを「論点」といいますが、それは思いつきで対応できるものではありません。これは、授業や基本書などで勉強して、あらかじめ頭に叩き込んでおく必要があるのです。例えば、この問題では、「何が新しい人権と言えるのか」「それをどのように判断するのか」などといった論点があります。こうしたポイントは、勉強しておかなければ、挙げることすら難しいので、テストを出す側からすればちゃんと理解しているかをチェックするポイントになります。

②肉付けを行う

・法令／判例／学説

答案構想を練り、論述の骨組を作った後は各論点の内容に肉付けをしていく必要があります。要するに、各論点を解くために必要な材料を見つけていくという作業を行うわけです。

まずは、関連法令を考えましょう。たいていの場合、法律問題には関連法令が存在します。どの法令を選択して提示するかは、その後の論述の展開を左右するといっても過言ではありません。ここで選択を間違えると、問題の趣旨から大きく外れる可能性が高いので、慎重に考える必要があります。今回の問題でいえば、憲法13条が関連法令にあたります。

次に、関連判例を挙げましょう。その論点を分析する際に必要な判例を挙げ、それを利用しながら論述を進めていく必要があります。問題によっては関連判例がないものもありますが、多くの場合、その問題を解く際に参考になる判例が存在します。判例の使い方は問題に応じて様々ですが、事案の説明や関連する論点につき裁判所がどのような判断を下しているのかについて説明する必要が多いです。特に、リーディングケースについてはしっかりと押さえておかなければなりません。本問では、エホバの証人輸血拒否事件、京都府学連事件など、多くの重要判例があるので、必要に応じて利用することになります。

それから学説を利用しましょう。論点に直接関連する判例が存在しなかったり、判例法理を分析したり批判したりする場合、あるいは論点をより深く考察したりするためには学説の見解を利用する必要があります。本問でいえば、例えば、人格的利益説、一般的自由説という点で学説の争いがあります。

③結論を書く

最後に結論を書く必要があります。その際、結論には、問題によって「AかBか」という形で答えられるものもあれば、「〜だから〜のように考える」のように締めくくる場合もあり、決まった書き方があるわけではありません。しかし、最後をきちんと締めくくらないと論述の体をなしませんから、時間配分を間違えずにきちんと結論まで書きましょう。

自説を展開することは、法的思考を学ぶ法学部生にとって、腕の見せどころです。もちろん、常に判例や通説に従う必要はありません。的確な判例・学説の理解に基づいた上で、それらとは異なる自身の見解を示すことはとても重要です。

中には、その場の思いつきで自説を披歴する答案が見られます。そのような場合、ほとんどの確率でそれは答案ではなく、感想文になってしまいます。きちんとした理解に基づいて、自分の考えをまとめましょう。

条文や判例を示すことは、法律学の答案としては必須ですが、ただ書き写すだけでは、ほとんど意味はありません。条文であればその趣旨、――科目によって異なりますが――保障範囲や要件効果など、当該条文を理解する上での最低限の事項に触れる必要があります。判例の引用に際しても同様に、その判例にはどういった意義があるのか、他の判例との異同など、書くべきことは少なくありません。また、私見では、主観ではなく客観的根拠が必要です。もちろん、判例・通説を批判的に捉える視点も大事です。しかし、その場合であっても、では自分はどのように考えるのかという論理的根拠は必ず示すようにしましょう。最後に、答案は、話し言葉ではなく、必ず書き言葉で書きましょう。

✓ チェックポイント

- 条文、趣旨、基本概念、重要判例、通説などは必ず復習することが最低限求められます。これらの基本的な理解を積み重ねていくことが、最も重要です。
- 思いつきや感想文は答案ではありません。

【課題2】

次の問題を読み、一行問題と何が違うのかを意識しながら、どうやって解いていけばいいのか、考えてみましょう。

> 中学校1年生のX（男）は、今春より近くのY公立中学校に通っています。

Y中学校の校則の一つに、男子は短髪にしなければならない旨の規定がありました。Xは、額の上部に傷跡がありこれまで前髪によって隠してきたことから、短髪は自分には馴染めず、かつ、短髪によって傷跡が見られることがとても恥ずかしいと感じ、校則に反して前髪が目にかかる長さの髪型を変えませんでした。傷についても担任の先生に相談するも、取りあってもらえませんでした。するとある日、担任の先生より髪を切るように注意され、それに従わなかったところ、その1週間後にその先生によって強制的に、自分自身で髪を切らされました。そのことを両親に伝えたところ、両親は、生徒の髪型を自由にできる権利の侵害だとして、裁判所に訴えることにしました。このXの主張は認められるでしょうか。

事例問題も一行問題とそれほど大きな違いが出てくるわけではありませんが、事案にそった解答を書かなければならないという点が大きなポイントになってきます。特に、大前提（規範定立）→小前提（事実抽出）→あてはめという「法的三段論法」が基本的な論述の流れとして用いられることが多いでしょう。

本問題で新しい人権という一般論を答案で論じるのは、一行問題の場合と共通します。ただ、本問は自己決定権の問題ですので、プライバシー権を論じる必要はありません。論じるべき範囲が自ずと狭くなりますので、自分が想定する結論に結びつく理由づけだけでなく、それに反対する立場を紹介するといったことも必要です。例えば、次のような「確かに（反対説）→しかし（批判）→また（更なる批判または見方を変えた説明）→従って（自説）」の形式で論じると、論理展開がスムーズにいきます。

反対説	確かに、憲法13条が規定する幸福追求権が保障する範囲について、人格的利益説が支配的な見解となっている。
	↓しかし
批判①	人格的利益説は保障範囲が狭く、人権保障に資するものとはいえない。
	↓また
批判②	仮に人格的利益説に立ったとしても、短髪以外の髪型を認めないことは許されない。

	↓従って
自説	Y中学校の当該校則は、憲法13条に違反する。

※参照条文（日本国憲法）
第13条　すべて国民は、個人として尊重される。生命、自由及び幸福追求に対する国民の権利については、公共の福祉に反しない限り、立法その他の国政の上で、最大の尊重を必要とする。

また、本件はあまり複雑な事例ではありませんが、問題によっては図式化した方が論点が明確になることもあります（⇒セクション2第8章）。

そして、最後に結論を忘れてはいけません。設問で「Xの訴えは認められるか」と問われているのですから、「認められる」「認められない」と述べて、答案を締めることが必要です。なお、論述答案の最後には、右端に「以上」と記します。

以下に、簡単な論述例を示しておきますので、参考にしてみてください。
［課題2の解答例］

問題提起	1、問題提起 本問においてXの主張が認められるためには、髪型に関する憲法上の規定が存していないことから、Xにはそのような自由を有していることを、憲法13条の幸福追求権から導き出すことが必要となる。
13条の性格 条文を明確に	2、学説 憲法13条は「幸福追求に対する国民の権利」を規定し、同条は幸福追求権を保障している。同条は一般に、他の個別条項でカバーできない権利自由を保障するための受け皿としての役割を担っており、本問のような髪型の自由が同条の保障範囲に含まれるか否かが問題となり得る。もっとも、具体的にどのような権利が導かれるのかについてははっきりしないため、その範囲をめぐって学説上争いが見られる。

論点①

幸福追求権をめぐる学説の対立

↓

この点、学説では、人格的利益説と一般的（行為）自由説の対立が見られる。人格的利益説とは、個人の人格的生存に不可欠な利益を内容とし、自分らしく生きていく上で欠かせない権利のみを保障する立場である。他方、一般的自由説とは、人の生存活動全般にわたる自由を広く保障するという立場である。

通説を示す

↓

支配的見解は、人格的利益説であり、その主な理由は、憲法13条の保障範囲も他の憲法上の条項のように限定されているべきであるとされ、加えて、一般的自由説では保障範囲を広げることで人権のインフレ化が生じ、人権の価値が下がるため同説は採用できず人格的利益説の方が好ましいとの理由も挙げられる。

通説への批判

↓

確かに、人格的利益説は一見すると説得的のように思える。しかし、同説がいう個人の人格的生存に不可欠なものとは何なのかはっきりしない点や何が不可欠なのかは個人によって様々であること、範囲を限定することで人権保障がされにくくなること、など同説にもデメリットがある。

従って、同説に立ちつつも、その意味内容を人の生命に関する事柄に加え、身体などに関する事柄までその保障範囲を広げ、それらに抵触する規定の合憲性が争われる場合には、裁判所は慎重に判断すべきである。

論点②

判例の検討

↓

3、判例

判例上、幸福追求の意味内容に関して、輸血を拒否することができるという意味における自己決定権は認められているが、何が幸福追求権にあたるのかという判定基準までは示されていない。そこでまず、本問に関係する諸判例を検討し、本問との異同について検討する。

判例を使おう

公立中学校の校則により丸刈りが強制された事件において熊本地裁は、校則のような教育的措置に関するものは校長の裁量によるべきであり、当該丸刈りを強制する規定の

	目的も非行防止などの教育上の目的を有しているため、違法ではないとした。加えて、丸刈りが社会的に承認され特異な髪型ではないこと、違反者に対して指導を繰り返し行う点などから、当該校則が著しく不合理ではないと判示された。同じく、私立高校において、バイク免許取得、バイク購入、バイク通学のすべてが禁止された校則が争われた事件において最高裁は、本件が私人間の争いであることや、当該校則が社会通念上不合理とはいえないとして、当該校則は違法でないと判示した。また、私立高校におけるパーマ禁止の校則が争われた事件においても最高裁は、非行防止や清潔さの維持などの観点から当該校則の違法性を否定した。これらの判決では、違反した者は自主退学勧告がなされ、最終的に退学という結果をもたらした。
本問と判例との異同 ↓	上記の判例ではもっぱら権利論ではなく裁量論の観点から論じられてはいるものの、教育機関と校則に関して裁判所は、学校側の主張をほぼ認めている。本問では短髪の強制であり、個人の主観によるだろうが、短髪であれば丸刈りに比べ一般的に許容され、丸刈り強制事件において示された目的の妥当性もあてはまるように思われる。また、バイク通学禁止やパーマ禁止も、髪型に比べ規制目的が明確で社会通念上また教育的観点からも許容されやすいと考えられる。
本件へのあてはめ	しかし、丸刈りであっても短髪であっても、そのような髪型を規制することで得られる学校側の利益（規制目的）とそれを達成する手段（規制方法）との間に関連性がなければならない。この点、本問では規制目的が定かではないが、上記判例に照らし、非行防止や清潔さの維持が考えられる。確かにそれらの目的は、中学校という教育機関において重要な目的といえる。しかし、それらを達成する手段として短髪を強制することが、その効果においてどれほど

	関連性を有しているのかはわからない。短髪であっても非行にはしる生徒もいれば、髪型に関係なく品行方正な生徒がいることもまた事実であり、そもそも髪型の規制自体が必要なのかも疑問である。仮に、長髪やパーマなどの髪型が中学生にふさわしくないのであればそれらを禁止すれば足りるのであり、短髪のみを唯一の髪型とすることは、手段として相当性も欠いている。また、本件では、男子生徒は額の傷跡を隠すことを理由に短髪にすることを拒んでいるが、このような傷跡を見られたくないという生徒の利益と校則で一律に男子生徒の髪型を定めることで得られる利益を比較した場合、前者の方がより保護されるべきではないだろうか。
結論	4、結　論 　以上の点から、本問における校則はXの憲法13条で保障された自己決定権を侵害するものであるから、その違憲の主張は認められるものと解する。 以　上

15 契約書を書いてみよう ——リーガルトレーニング

この章では、売買契約を例にして契約書を作成する際に注意すべきことを学びます。契約書を一から作成することは少ないかもしれませんが、意外と日常生活で契約書に出くわすことは多いはずです。中身も読まずに同意したからといって、後で「内容がわからなかった」と言い逃れをすることはできません。法律関係に賢く対応できるように、契約書の構造を学んでみましょう。

【課題1】

次の見本を見て、契約書に何が書かれているのか確認してみましょう。また、どのような場合に契約書が必要になるのか、さらに、どうして契約書が必要になるのか考えてみましょう。

見本	説明
物品売買契約書	← 契約書のタイトル
売主である〔山田太郎〕(以下甲という) と買主である〔鈴木次郎〕(以下乙という) との間に次のとおり売買契約を締結する。	← 契約内容の概要を示す部分
第1条 (売買の目的) 甲は乙に対し、下記の商品 (以下、本件商品という。) を金壱萬八千九百円で売り渡すことを約し、乙はこれを買い受ける。 記 商品　平成25年版デイリー六法10冊 (単価　1,890円)	← 契約の目的や履行方法・時期など契約の具体的内容を示す部分 ※本章の見本では次の事項を含みます (一部後述)。 1. 売買の目的 2. 納品 3. 引渡し 4. 引取り 5. 危険負担 6. 支払 7. 遅延損害金及び商品の処分
第2条 (納品) 甲は乙に対し、本件商品を、平成25年9月1日までに、乙の指示に従い、指定の期日、指定の場所に納品する。 2　納品にかかる費用は、全て甲の負担とする。	
第3条 (引渡し) 乙は、第○条第1項の納品時に、本件商品の検査を行うこととし、これに合格したものについてのみ引渡しを受けるものとする。 2　本件商品の所有権は、前項の引渡しがあったときに、甲から乙へ移転する。	
〔中略〕	
上記契約を証するため、本契約書2通を作成し、甲乙各自記名押印して、各1通を所持する。	← 契約書作成に関する記録部分
平成25年7月25日	← 契約書を作成した日付
住所　神奈川県横浜市港北区陽吉1丁目321番 甲　山田太郎 ㊞	← 契約当事者 (この場合、売主) の記名・捺印
住所　東京都港区芝田町1丁目2番地3号 乙　鈴木次郎 ㊞	← 契約当事者 (この場合、買主) の記名・捺印

（1） 契約書とは何か学ぼう

法律上、一部の契約を除いて、契約書を作成しなくても契約は成立します。ただ、債務不履行や履行遅滞、商品の瑕疵など、事前に合意をして文書にしておけば、紛争を避けたり、早期に紛争解決したりすることができます。

逆に、文書を作れば何でもよい訳ではありません。内容が不明確な文書は、かえって問題をややこしくしてしまいます。後日の紛争を防止するために作成することを忘れてはなりません。

契約書の書式は自由ですが、まず契約内容が簡単にわかる見出し、契約の当事者、文書の作成日付などを入れなければなりません。契約書の作成後には、署名や記名押印をして、当事者が同意の上で文書を作成したことを証明します。例えば、次のようなものです。

物品売買契約書

売主である〔山田太郎〕（以下甲という）と買主である〔鈴木次郎〕（以下乙という）との間に次のとおり売買契約を締結する。

〔中略〕

上記契約を証するため、本契約書2通を作成し、甲乙各自記名押印して、各1通を所持する。

平成25年7月25日

住所　神奈川県横浜市港北区陽吉1丁目321番
甲　　山田太郎　㊞
住所　東京都港区芝田町1丁目2番地3号
乙　　鈴木次郎　㊞

当事者の氏名をいちいち本文中に書き込む必要がないよう、「甲」「乙」と表記するのが一般的です。

チェックポイント

- 契約書は契約内容を記した文書です。

（2） 契約書を作成するときの形式についてのルールを知ろう

売買契約を行うとして、何を売買するのかを条文の形式で示すのが通例です。そのためには、まず契約内容を具体的に確定する必要があります。

第○条（売買の目的） 甲は乙に対し、下記の商品（以下、本件商品という。）を金壱萬八千九百円で売り渡すことを約し、乙はこれを買い受ける。 記 商品　　平成25年版デイリー六法　10冊　（単価　1,890円）

支払い金額の部分が漢数字になっていることに気づきましたか。契約書内の数字はアラビア数字でも漢数字でも構わないですが、契約の最も重要な部分である金額については、漢数字を用いることが多いです。これは数字を改ざんしにくくするほか、手形については文字と数字で不一致がある場合、文字を優先することになっているため（手形法6条）、それにならっています。ちなみに「金壱百円」と「1,000,000円」が併記された手形について、漢数字を優先した最高裁判例があります（最判昭和61年7月10日民集40巻5号925頁）。

次に、商品の納品についての事項を確認しましょう。

第○条（納品） 甲は乙に対し、本件商品を、平成25年9月1日までに、乙の指示に従い、指定の期日、指定の場所に納品する。 2　納品にかかる費用は、全て甲の負担とする。

ここは、いつ、どこで、誰が、何を、どうするのかを具体的に明確にしなければなりません。不動産の売買では、庭の樹木や門・塀など土地・家屋に付随する物件をどうするかなど、細かいところまで決めておく必要があります。

✓ チェックポイント

- 契約書は法律の条文と同じ形式で作成されるのが通例です。

（3） 契約書にはどんな内容を書くべきなのか考えよう

万が一、受け取った商品に汚損や腐敗などが生じた場合はどうしましょう。

これも予め契約書に盛り込んでおけば、問題解決を容易にしてくれます。

まず、引渡し時の検査に合格したもののみを乙が引き受けるようにします。

> 第○条（引渡し）　乙は、第○条第1項の納品時に、本件商品の検査を行うこととし、これに合格したものについてのみ引渡しを受けるものとする。
>
> 2　本件商品の所有権は、前項の引渡しがあったときに、甲から乙へ移転する。

売買契約においては、いつの時点で所有権が移転するのかを明確にしておくことが重要です。次に、不良品が出た場合の対処について定めておきます。

> 第○条（引取り）　甲は、本件商品のうち第○条第1項の検査で合格しなかった商品（以下、不合格品という。）を、自己の費用をもって引き取るものとする。
>
> 2　甲が検査の日から3日以内に不合格品を引き取らないときは、乙は、甲の費用をもって、商品を甲に返送することができる。

このように定めておけば、基本的に甲の負担で対処することになります。さらに、自然現象や第三者による犯罪行為などにより、想定外の事態が起きる可能性もあります。これを引渡しまでは甲の負担、それ以降を乙の負担で対応することにすると、次のような定めになります。

> 第○条（危険負担）　第○条第1項の引渡し前に生じた本件商品の滅失、毀損、減量、変質等による損害については、乙の責めに帰すべきものを除き、甲の負担とし、引渡し後に生じたこれらの損害については、甲の責めに帰すべきものを除き、乙の負担とする。

このような損害が生じた場合に誰が費用などを負担するのか（危険負担）の定めは、法律にもありますが（民法534・536条など）、契約書に盛り込んでおけば、原則としてそちら（特約）が優先されます。

✔ **チェックポイント**

- 不良品が出たときなど不測の事態を想定して契約書を作成します。

(4) 代金の支払いに関して、どんなことを契約書に書くのか知ろう

売買契約において重要なのが代金の支払いです。まず時期・方法についての定めをします。

> 第○条（支払） 乙は、本件商品の引渡しを受けた日から3日以内に、その代金を支払うものとする。

支払期限を明確にしておかないと、債務不履行状態がいつから始まるのかがわからなくなります。例えば「3日以内に」だけでは、第三者が見ていつから3日以内なのかわかりません。当事者で暗黙の合意があったとしても、契約書に見える形で記載しておかなければ、紛争の火種になるだけです。

最後に、乙の債務不履行による対処を定めておきます。

> 第○条（遅延損害金及び商品の処分） 乙が売買代金の支払いを怠ったときは、乙は、甲に対し、支払期日の翌日より完済まで、年5%の割合による遅延損害金を支払うものとする。
> 2 乙が、引渡期日に本件商品を受け取らないなど、契約の履行を怠った場合には、甲は、本件商品を任意に処分し、その売却金をもって乙に対する損害賠償債権を含む一切の債権に充当することができる。

✔ **チェックポイント**

- 代金の支払と債務不履行についての定めを忘れないようにします。

この他にも、瑕疵担保や解除、租税負担、管轄裁判所に関する事項などの他、事例に応じた特約を盛り込むことがあります。事例に応じて契約書の内容も様々ですから、色々なサンプルを参考にして契約書を作成することになります。

なお、法令や公序良俗に違反する事柄は契約書に書いても無効になります。

■主要参考文献

以下では、本書の内容をより深く理解するための参考文献を紹介します。本書で法学に興味を持った方は、ぜひ参考文献も読んでみてください。

①本書と並行して読むことをお勧めするもの

・道垣内弘人『プレップ法学を学ぶ前に』(弘文堂、2010 年)。

各法律科目を学ぶ前に必要な知識を身につけておくための本。量も多くないので、最初に法学を学ぶ際に、本書と一緒に読み進めると効果的です。

・安部朋世・福嶋健伸・橋本修編『大学生のための日本語表現トレーニング　ドリル編』(三省堂、2010 年)。

大学生が日本語を使いこなせるようにするための本。法学とは直接関係ありませんが、大学生として知っておかなければならないことを学ぶことができ、大学の授業やテストにも役立ちます。

②本書読了後に読むことをお勧めするもの

・道垣内正人『自分で考えるちょっと違った法学入門』(第 3 版)(有斐閣、2007 年)。

設問がストーリーになっていて、読みながら法学的内容を考える本。読みやすく、途中で飽きさせない内容になっていて、法的思考と法的知識が身につきます。

・君塚正臣編『高校から大学への法学』(法律文化社、2009 年)。

高校で習ったことをベースに大学での勉強につなげるための本。高校で修得した知識が大学ではどのように展開されているのかを知ることができます。

③本格的な法学の勉強をするために読むことをお勧めするもの

・団藤重光『法学の基礎』(第 2 版)(有斐閣、2007 年)。

まさに法学の基礎を学ぶために必携の書。専門的内容をわかりやすく学ぶことができます。

・弥永真生『法律学習マニュアル』(第 3 版)(有斐閣、2009 年)。

様々な法律科目を学ぶ上で、どのように勉強していけばいいのかをやさしく教えてくれる本。調べ方なども充実しています。

・川﨑政司『法律学の基礎技法』(第 2 版)(法学書院、2013 年)。

法学に関して、実務と理論の両面から学べる概説書。特に、立法の過程や法律の構造などの基礎的な知識や技法についてわかりやすく書かれています。

＊その他、法律の専門用語については、下記の用語辞典を使うといいでしょう。

・『法律用語辞典』(第 4 版)(有斐閣、2012 年)。

・『コンサイス法律学用語辞典』(三省堂、2003 年)。

編著者紹介

大林　啓吾　(おおばやし　けいご)
慶應義塾大学法学部政治学科教授
担当：1章、5章、6章、9章、13章

岡田　順太　(おかだ　じゅんた)
獨協大学法学部法律学科教授
担当：3章、4章、7章、10章、15章

白水　隆　(しろうず　たかし)
千葉大学大学院専門法務研究科准教授
担当：2章、8章、11章、12章、14章

編集協力：㈱翔文社
本文組版：㈲ジェット

大学生のための法学トレーニング

2014年 3 月10日第 1 刷発行
2023年 1 月20日第 3 刷発行

編著者：大林啓吾、岡田順太、白水 隆
発行者：株式会社 三省堂　代表者　瀧本多加志
印刷者：三省堂印刷株式会社
発行所：株式会社 三省堂
〒102-8371　東京都千代田区麴町五丁目7番地2
電話　(03) 3230-9411
https://www.sanseido.co.jp/

落丁本・乱丁本はお取り替えいたします。

ISBN978-4-385-36324-0
〈法学トレーニング・88＋32pp.〉

大学生のための
法学トレーニング

大林啓吾／岡田順太／白水　隆［編著］

トレーニングシート

トレーニングシートの使い方

・ このトレーニングシートは、みなさんが書き込むためのものです。
・ このトレーニングシートとテキストの2冊を使って学習を進めていきます。
・ 学習の流れは、「テキストによる学習」→「トレーニングシートを用いた作業」→「テキストによる確認」となります。
　テキストの各章の学習が終わったら、その章のトレーニングシートに移ってください。

所属 ＿＿＿＿＿＿＿＿ ＿＿＿＿ 年 ＿＿ 月 ＿＿ 日

番号 ＿＿＿＿＿＿＿＿ 氏名 ＿＿＿＿＿＿＿＿

1 日常会話の中で法的問題を見つけよう――法的問題の発見

1 テキスト〈第一幕〉では、サークルの先輩がB君に対してしつこく勧誘していましたが、最近ではこうした「つきまとい行為」は規制される傾向にあります。次のX君とYさんの会話を読み、下の法律を参照しながら、法律違反となりそうな点を挙げましょう。

X君　：ねえねえ、聞いた？　ヨシオとヨリコ、別れたらしいよ。
Yさん：聞いた聞いたー。あの二人、お似合いだったのにね。
X　　：でも、ヨリコの方は未練があるみたいで、毎日のように電話してるみたいだよ。
Y　　：そうなんだ。ヨシオはどう思ってるのかしら？
X　　：それが、ヨシオの方はいい加減うんざりしてるみたいで、「もう電話しないでくれっ」っていってたらしいよ。
Y　　：さすが、情報ツウ！　よく事情を知ってるわね。じゃあ、ヨリコはあきらめたのかしら？
X　　：それがそうでもなくて、ヨシオが電話に出ないもんだから、直接自宅で待ち伏せしてるらしいよ。
Y　　：そんなにヨリを戻したいんだ。てゆーか、それだけ情報知ってるあんたの方が怖いわ！

所属 ＿＿＿＿＿＿＿＿ ＿＿＿＿ 年 ＿＿ 月 ＿＿ 日

番号 ＿＿＿＿＿＿＿＿ 氏名 ＿＿＿＿＿＿＿＿

1 日常会話の中で法的問題を見つけよう――法的問題の発見

3 次のうち、左の事案に最も関連しそうな法令を、右から選んで線で結びましょう。

① Aはアパート暮らしを始めた ・	・ ア 憲法（プライバシー）
② Bは突然生活保護を打ち切られた ・	・ イ 憲法（財産権・補償）
③ Cは他人を殴って金銭を手に入れた ・	・ ウ 憲法（生存権）
④ Dは未成年だがお酒を飲んでいる ・	・ エ 民法（契約）
⑤ Eは株式会社を起こすことにした ・	・ オ 民法（相続）
⑥ Fはインサイダー取引をしている ・	・ カ 刑法（強盗罪）
⑦ Gは警察から盗聴されていた ・	・ キ 商法（会社法）
⑧ Hは20時間休まずに働き続けた ・	・ ク 労働基準法（労働時間）
⑨ Iは国に土地を収用された ・	・ ケ 金融商品取引法（株の売買）
⑩ Jは親が亡くなり遺産を受け取った ・	・ コ 未成年者飲酒禁止法（飲酒禁止）

所属 ＿＿＿＿＿＿＿＿ ＿＿＿年 ＿＿月 ＿＿日

番号 ＿＿＿＿＿＿ 氏名 ＿＿＿＿＿＿

2 ネットの危険性を知ろう――権利の侵害

1 次の左右それぞれの語句で適当なものを、線で結びましょう。

① 著作権侵害となる場合 ・	・ ア ①公共性、②公益目的、③真実の証明
② 名誉毀損の成立要件 ・	・ イ ①名誉毀損の表現を防止する措置を講じることができた、②他人の権利侵害がなされていると知ることができたと認めるに足りる相当の理由がない
③ プロバイダーの賠償責任要件 ・	・ ウ 公然と事実を摘示し、社会的評価を低下させた

所属 ＿＿＿＿＿＿＿＿ ＿＿年＿＿月＿＿日

番号 ＿＿＿＿＿＿ 氏名 ＿＿＿＿＿＿

2 ネットの危険性を知ろう——権利の侵害

[2] 次の事例に適した規定を、右より選んで線で結びましょう。

① ある有名な美容院に行ったところ自身が満足する髪型とならなかったため、インターネット上の某掲示板に、その美容師を誹謗中傷するコメントを書いた。 •

② 次回の選挙で立候補を予定している政治家を取材していたところ、その政治家が幼少期に補導されている事実を掴んだ。周到な取材をし、その事実に確信を得たため、上司の許可を得た後、新聞記事として掲載した。 •

③ 自身が管理運営しているホームページのバックミュー

• ア プロバイダー責任制限法
（プロバイダーが賠償責任を負う場合）

• イ 著作権法
（著作権侵害にあたる場合）

所属＿＿＿＿　＿＿年＿＿月＿＿日

番号＿＿＿＿　氏名＿＿＿＿

3 買い物にも注意しよう――契約トラブルの解決

1 次に掲げた事例について最も適当な対処方法を、右から選んで線で結びましょう（対処方法が重複するものもあります）。

〈事　例〉

① 自宅に英会話教材の販売員が来て、一式購入する契約をしたが解約したい。教材と契約書が3日前に届いた。 •

② 自宅に英会話教材の販売員が来て、「帰ってくれ」といったのになかなか帰らないので困って一式購入する契約をしたが解約したい。教材と契約書が10日前に届いた。 •

〈対処方法〉

• ア 特定商取引法に基づくクーリングオフ制度を利用し、内容証明郵便で業者（売主）に解約通知を送付する。

• イ 消費者契約法に基づく契約の取消し事由に該当するので、内容証明郵便で業者に解約通知を送付する。

所属 ＿＿＿＿＿＿＿＿ ＿＿年＿＿月＿＿日

番号 ＿＿＿＿＿＿＿＿ 氏名 ＿＿＿＿＿＿＿＿

3 買い物にも注意しよう――契約トラブルの解決

2 クーリングオフの申し出は、確実に証拠を残すため、書面で行わなければなりません（郵便局の「特定記録郵便」や「内容証明郵便」サービスを利用します）。次の事例について、クーリングオフができるかどうか考えてください。その上で、契約解除が可能であれば、サンプルを参考にして、クーリングオフのための書面（ハガキ）を作成してみましょう（なお、ハガキで通知する場合は、必ずコピーをとっておきましょう）。

> 事例：川崎花子さん（住所：神奈川県遠藤市湘南台1－1－3）は、平成25年3月4日に株式会社スリープ・フトン・カンパニー（所在地：京都府山田市五十鈴町76－1）から羽毛布団セットの電話販売を受け、同日、1セット（30万円）を購入した。3月8日に商品と契約書が届いたが、よくよく考えたら不要であると思い立ち、3月15日に契約解除通知を作成し、同日、郵便局で特定記録郵便として発信した。その際、川崎さんは、羽毛布団の代金の一部として10万円を支払っていたので、その返還を求めたいと考え、また、羽毛布団の引取りも業者に求めたいと思っているので、その旨を通知に記載することとした。

〈サンプル〉	〈解答欄〉

所属 ＿＿＿＿＿＿＿＿ ＿＿＿年＿＿月＿＿日

番号 ＿＿＿＿＿＿ 氏名 ＿＿＿＿＿＿

4 コンビニで身近な法律を考えよう――様々な契約

1 次の行為の中から必要最小限の選択肢を選び、XさんとYさんの間で売買契約が成立するまでの順番に並べてみましょう（使用しない選択肢もあります）。Xさんが売主、Yさんが買主です。

ア Xさんが、Yさんに自分の土地を買って欲しいと伝える。

イ Yさんが、Xさんが所有する土地を売って欲しいとXさんに伝える。

ウ Yさんが、Xさんからの申し出に承諾する。

エ Xさんが、Yさんを相手取り、売買契約が成立していることを確認する訴訟を裁判所に起こす。

＿＿＿ → ＿＿＿ → ＿＿＿ → ＿＿＿

2 契約には、様々な種類の契約があります。それぞれ次に挙げた契約について、どのような場面でそうした契約が見られるのか、日常生活で思いつく具体例を挙げてみましょう。

① 売買契約…当事者の一方が財産権を移転することを約し、相手方がこれに対して代金を支払うことを約する契約

所属 ＿＿＿＿＿＿＿＿ ＿＿年＿＿月＿＿日

番号 ＿＿＿＿＿＿ 氏名 ＿＿＿＿＿＿

4 コンビニで身近な法律を考えよう――様々な契約

3 友人と「今度、遊園地に行こうね」というように約束をしても、実現しないことはしばしば起こります。そのようなことは契約違反になるのでしょうか。次のような会話において、何らかの契約が有効に成立しているか考えてみましょう。誘いを受けたBが、後日、Aに対して契約の履行を求めることができるでしょうか。下に結論とその理由を書きましょう。

A：テレビで見ていたら、近所に美味しいパスタ屋さんがあるって、やっていたよ。今度行ってみようよ。

B：へえ、そんなお店知らなかったな。いいね。じゃあ、今度行こうよ。絶対だよ。

A：うん、絶対行こうね。

所属 ＿＿＿＿＿＿＿＿ ＿＿年＿＿月＿＿日

番号 ＿＿＿＿＿＿ 氏名 ＿＿＿＿＿＿

5 法的責任を考えよう――法的責任の種類

1 次の文のうち、法的責任をとらなければならなくなる可能性のあるものを選びましょう。

ア 姑は、孫の成績がかんばしくないのは母親の責任だと考えている。

イ 先生は、学校の花壇の花が枯れてしまったのは、ちゃんと水をやらなかった園芸係の責任だと話した。

ウ 国民は、いつまでたっても景気が回復しないのは首相の責任だと思っている。

エ 私は、自分の不注意で自分の鞄をなくしてしまったのは自分の責任だと思う。

オ 私は、花火の最中に小屋を燃やしてしまったのは友人の不注意のせいだと考えている。

2 次の文を並べ替えて、法的責任を構成する文章を作りましょう（**ア**から始めてください）。

ア 地球温暖化は温室効果ガスが要因となっている。

イ A企業は、二酸化炭素を大量に排出したため、超過金を払わなければならない。

ウ 温室効果ガスには二酸化炭素も含まれるという研究報告が発表された。

エ 法律によれば、一定量以上の二酸化炭素を排出した企業は、超過金を払わなければならない。

所属＿＿＿＿＿＿＿＿＿＿＿＿ ＿＿＿年＿＿月＿＿日

番号＿＿＿＿＿＿ 氏名＿＿＿＿＿＿＿＿＿＿

5 法的責任を考えよう——法的責任の種類

4 次の文を読み、民事責任、刑事責任、行政責任のどれにあたるか、あるいはどれにもあたらないか分類し、その理由を考えてみましょう（責任が複数ある場合もあります）。

① Xは、Y会社主催のバスツアーに申し込んだところ、バスの運転手が途中で何度も一瞬居眠りをしてしまい、何度か接触事故を起こしそうになった。幸い、事故には至らなかったが、後のテレビ報道で、Y会社が運転手を酷使していることが明らかになった。Yにはどのような責任があるか。

② 宅配業者がYに荷物を届けたところ、Yが留守だったので、隣室のXに荷物を預かってもらえないかと相談し、Xはこれを承諾した。その際、「壊れ物・注意」という貼り札があることをXに告げ、Xは「わかりました」と答えた。ところが、Xは家の中でこの荷物をうっかり落としてしまい、中で「ガシャン」という音がした。後でXがYに渡したところ、中には高級グラスが入っていた。Xにはどのような責任があるか。

③ Xは、空港で見知らぬYから「自分の荷物が多すぎて重量オーバーだから、この荷物を持っていってくれたら1万円渡しますがどうですか？」といわれ、荷物が少なかったこともあり、それを承諾した。ところが、日本の税関で、Yから預かった荷物の中身は麻薬であり、没収されてしまった。Xにはどのような責任があるか。

所属 ＿＿＿＿＿＿＿＿ ＿＿＿年＿＿月＿＿日

番号 ＿＿＿＿＿＿ 氏名 ＿＿＿＿＿＿＿＿

6 条文を使いこなそう——条文の読解

1 「六法」をすべて挙げなさい。

2 次の条文を読み、以下の問いに答えなさい。

> 憲法第14条　すべて国民は、法の下に平等であって、人種、信条、性別、社会的身分又は門地により、政治的、経済的又は社会的関係において、差別されない。

（1）　外国人は差別されない対象に含まれると思いますか？　その理由についても書いてください。

所属 ＿＿＿＿＿＿＿＿ ＿＿＿＿ 年 ＿＿ 月 ＿＿ 日

番号 ＿＿＿＿＿＿ 氏名 ＿＿＿＿＿＿

6 条文を使いこなそう――条文の読解

5 以下の（　）には、「又は」、「若しくは」、「及び」、「並びに」のいずれかが入ります。適切な語句を入れなさい。

> 刑事訴訟法第84条
> 法廷においては、裁判長は、勾留の理由を告げなければならない。
> 2　検察官（　①　）被告人（　②　）弁護人（　③　）これらの者以外の請求者は、意見を述べることができる。

① ＿＿＿＿＿＿　② ＿＿＿＿＿＿　③ ＿＿＿＿＿＿

6 次の条文を読み、以下の問いに答えなさい。

> 刑事訴訟法第475条　死刑の執行は、法務大臣の命令による。
> 2　前項の命令は、判決確定の日から六箇月以内にこれをしなければならない。

（1）　この条文を文理解釈すると、どんな命題が出てきますか？

所属 ＿＿＿＿＿＿＿＿ ＿＿年＿＿月＿＿日

番号 ＿＿＿＿＿＿ 氏名 ＿＿＿＿＿＿

7 判例を読んでみよう――判例の読解

1 テキスト34ページの最高裁判決のうち、判決の主要な理由を述べている部分を抜き書きしてみましょう。

2 次の判決文の理由を読んで、これに対応する主文となる文として最もふさわしいものを、下の**ア**～**カ**のうちから選んでみま

Section 2
根拠を探そう

所属 ＿＿＿＿＿＿＿＿ ＿＿年＿＿月＿＿日

番号 ＿＿＿＿＿＿＿＿ 氏名 ＿＿＿＿＿＿＿＿

7 判例を読んでみよう――判例の読解

3 次の資料は、条文と判例がセットになった六法である『模範六法　平成26年版』（三省堂）の一部です。これを参考にして、「取材活動の自由は、報道の自由と比較して、どの程度、憲法21条によって保障されているか」という問いに答えてみましょう。まず、最も関係しそうな判例は何番でしょう。選んだ判例から適切な部分を抜き出してみましょう。

第二一条［集会・結社・表現の自由、検閲の禁止、通信の秘密］ 集会、結社及び言論、出版その他一切の表現の自由は、これを保障する。

② 検閲は、これをしてはならない。通信の秘密は、これを侵してはならない。

＊思想・良心・信教・学問の自由、労働者の団結権（一九・二〇・二三・二八）、❶集会・集団示威運動等の制限（公安条例、破防五(1)）、表現の自由の制限（破壊的行為＝破防三・五1(2)・三八2(3)、わいせつ文書＝刑一七五、名誉に対する罪＝刑二三〇―二三二、政治的行為＝国公一〇二、地公三六、教特一八、裁五二(1)、出版犯罪と対審の公開（八二）、❷検閲の禁止（郵便七、電通事三）、輸入禁制品（関税六九の一一）、通信の秘密（信書開披罪＝一三三、郵便物の押収＝郵便八、電通事業四、刑訴一〇〇）、言著作印行集会結社の自由（旧憲二九）、信書の秘密（旧憲二六）、国憲法（表現の自由＝米修正一、独五・八・九、仏人権一一、伊七・一八・二一、中三五、通信の秘密＝独一〇、中四〇、政党＝二一、仏V四、伊一五）

1 ▽言論、出版その他の表現の自由は公共の福祉に反しえないのみならず、自己の自由意思に基づく公法関係上または私法関係上の義務によって制限を受ける。（最大決昭26・4・4民集五―五―二一四）⇩民訴三一五条1・民訴三三六条4

2 ▽**鉄道駅構内パブリック・フォーラム訴訟** 鉄道駅の管理者からの退去要求を無視して同駅構内に滞留し、同駅係員の許諾を受けないで乗降客らに対しビラ多数枚を配布し、演説等を繰り返す行為につき、鉄道営業法三五条および刑法一三〇条後段の各規定を適用してこれを処罰しても本条一項に違反しない。（最判昭59・12・18刑集三八―一二―三〇二六）⇩刑一三〇条3

3 ▽**渋谷暴動事件上告審** 破壊活動防止法三九条および四〇条の扇動は、公共の安全を脅かす社会的に危険な行為であるから、公共の福祉に反し、表現の自由の保護を受けるに値しない。（最判平2・9・28刑集四四―六―四六三）

（中　略）

25 ▽本件記事は、一私人の離婚という全くの私事を、ことさらに暴露したものというべきであり、プライバシーの権利を侵害したものと解する。一方、離婚それ自体は、日常生活上、人はどうということもなく耳にし、目にする情報の一つにすぎない。本件記事は、憲法上保障されている権利としての表現の自由の発現・行使として、積極的評価を与えることはできないが、表現の自由は、民主主義体制の存立と健全な発展のために必要な、憲法上最も尊重されなければならない権利である。出版物の事前差止めは、この表現の自由に対する重大な制約であり、これを認めるには慎重な対応が要求される。本件記事は、相手方らのプライバシーの権利を侵害するものではあるが、当該プライバシーの内容・程度に鑑みると、その事前差止めを認めなければならないほど、相手方らに「重大な著しく回復困難な損害を被らせるおそれがある」とまでいうことはできない。（東京高決平16・3・31判時一八六五―一二により確定）

◆**知る権利・報道の自由・取材活動の自由**

26 ▽**博多駅取材フィルム提出事件上告審** 報道機関の報道は国民の知る権利に奉仕するため、報道の自由は本条の保障の下にあり、また、報道のための取材の自由も本条の精神に照らして十分尊重に値する。しかし取材の自由も、憲法上の要請があるときは、ある程度の制約を受ける。公正な刑事裁判を実現するために取材の自由を制約することが許されるかは、そのための必要性などと、取材したものを証拠として提出することにより取材の自由が妨げられる程度などを比較衡量して決せられるべきであり、なおかつ、報道機関の不利益が必要な限度を超えないよう配慮されなければならない。その見地に立てば、本件取材フィルム提出は、なお受忍されなければならない程度のものである。（最大決昭44・11・26刑集二三―一一―一四九〇）⇩刑三五条8・刑訴九九条12

27 ▽**外務省秘密漏洩事件上告審** 報道機関の取材行為といえども他人の権利・自由を不当に侵害しうるものではなく、取材の手段・方法が贈賄、脅迫、強要等の一般の刑罰法令に触れる行為を伴う場合や、取材対象者の個人としての人格の尊厳を著しく蹂躙する等法秩序全体の精神に照らし社会観念上是認することのできない態様のものである場合には、正当な取材活動の範囲を逸脱し違法性を帯びる。（最決昭53・5・31刑集三二―三―四五七）⇩刑三五条9

所属 ＿＿＿＿＿＿ ＿＿年＿＿月＿＿日

番号 ＿＿＿＿＿＿ 氏名 ＿＿＿＿＿＿

8 図式化してみよう——図式の活用

1 次の判例の事実の概要を図にしてみましょう。

〈事実の概要〉 Xは、指導員として働いていたA自動車学校から解雇され、Aとの間で当該解雇の効力を争っていた。Aの代理人であるB弁護士は、弁護士法に基づきC弁護士会に対し、Xの「前科及び犯罪経歴について」照会の申出を行った。当該申出には、中央労働委員会、京都地方裁判所に提出する旨のみが示されていた。Y市のD区長は、当該申出に対し、Xには道路交通法違反や業務上過失傷害等の前科がある旨の回答をした。そこでXは、当該回答は自身のプライバシーを侵害するものとして、Yに対し損害賠償を求めた。

——前科照会事件（最高裁昭和56年4月14日判決）

所属 ________________ ______ 年 ____ 月 ____ 日

番号 ________________ 氏名 ________________

8 図式化してみよう——図式の活用

3 三権分立を図で表してみましょう。

所属 ＿＿＿＿＿＿ 年 ＿＿ 月 ＿＿ 日

番号 ＿＿＿＿＿＿ 氏名 ＿＿＿＿＿＿

9 ノートのとり方を学ぼう――ノートをとる方法

[1] 次の文を読み、X先生の「法学」の授業において、Aさんが思っていることを表しています。このうち、改善すべき点を三つ挙げ、その理由を書きましょう。

> この授業は、ネット上に配布プリントがアップされているから、前期の授業が全部終わってからプリントアウトしよう。たまに先生が法律の条文を取り上げるんだけど、先生が説明してくれるから、六法はわざわざ持ってくる必要はないかな。そういえば、友達もこの授業とってるっていってたから、自分のノートテイクはほどほどにして、授業に集中しよう。ノートは後で友達のを借りればいいや。

1

2

所属 ＿＿＿＿＿＿＿＿ ＿＿＿年 ＿＿月 ＿＿日

番号 ＿＿＿＿＿＿ 氏名 ＿＿＿＿＿＿＿＿

9 ノートのとり方を学ぼう——ノートをとる方法

3 次の事案を読み、①〜④を図式化してみましょう。

　Aは、Bが経営する飲み屋の常連だが、いつもツケにして飲み代を支払っていなかった。2年後、ツケがかなりたまったので、BはAに対してツケを支払うように要求したところ、Aは「時効でしょ」といって払わなかった。①Aの主張は妥当か。また、②Bが半年ごとにツケを支払うように請求していた場合はどうか。あるいは、飲み屋のツケではなく、③家賃の支払いや、④金銭の貸し借りの場合はどうか。

〈参考条文〉

（債権等の消滅時効）

第167条　債権は、十年間行使しないときは、消滅する。

第174条　次に掲げる債権は、一年間行使しないときは、消滅する。

一　月又はこれより短い時期によって定めた使用人の給料に係る債権

二　自己の労力の提供又は演芸を業とする者の報酬又はその供給した物の代価に係る債権

三　運送賃に係る債権

所属 ＿＿＿＿＿＿＿＿ ＿＿＿＿ 年 ＿＿ 月 ＿＿ 日

番号 ＿＿＿＿＿＿ 氏名 ＿＿＿＿＿＿

10 論点・論証カードを作ってみよう——知識の整理

1 憲法・民法・刑法について論点カードを作ることになりました。「　」内を教科書の記述、枠内の左欄を表面、右欄を裏面とします。教科書の記述を基にして空欄を埋め、論点カードを完成させましょう。

① 憲法「精神的自由権に分類される人権には、思想・良心の自由、信教の自由、表現の自由及び学問の自由がある。」

精神的自由権に分類される人権。（4つ）	

② 民法「いわゆる宇奈月温泉事件判決（大判昭和10年10月5日民集14巻1965頁）は、わが国で初めて権利濫用の法理を確立した画期的判決である。」

宇奈月温泉事件判決で示された法理。	

所属 ＿＿＿＿＿＿＿＿　＿＿年＿＿月＿＿日

番号 ＿＿＿＿＿＿　氏名 ＿＿＿＿＿＿

10 論点・論証カードを作ってみよう——知識の整理

3 教科書に次のような記述があったとします。これを論証カードに作りかえるとどのようになるでしょうか。下の空欄に書き入れて、論証カードを完成させましょう。

〈教科書の記述〉

外国人の地方選挙権が保障されるか検討する。この点、確かに、地方選挙権も参政権に含まれる概念であり、また、憲法93条2項に規定する「住民」は、憲法10条の「国民」を前提にしており、外国人が含まれないと解することもできよう。

しかし、憲法が地方自治を制度的保障とした趣旨は、住民の日常生活に密接な関連を有する公共的事務は、地域に現実に暮らす人々の意見を十分に反映させて実施されるべきということにあると解される。従って、住民以外の外国人であっても、その居住する区域の地方公共団体と特段に緊密な関係を持つになったと認められるものについて、法律で地方選挙権を付与することは憲法上禁止されるものではないと解される（判例同旨）。

〈論点カード〉

No.9－12	外国人への地方選挙権付与の可否

所属 ＿＿＿＿＿＿＿＿ ＿＿＿＿ 年 ＿＿ 月 ＿＿ 日

番号 ＿＿＿＿＿＿＿＿ 氏名 ＿＿＿＿＿＿＿＿

11 試験の問題形式の解法を考えよう——試験対策①

1 次の事案を読み、ヒントを参照しながら、それぞれ①定義問題、②○×問題、③選択問題に作り直してみましょう。

〈事案〉

本件は、原告はAの嫡出でない子（非嫡出子、婚外子）であり、Aの嫡出である子（嫡出子）の被告に対し、民法の規定が、原告の相続分が被告の相続分の1/2としていることが、憲法の定める法の下の平等に反するとして、当該規定の違憲無効を主張したものである。

〈ヒント〉

・憲法14条1項は何を禁じ、何を許容しているのでしょうか。
・本件で区別されているのは、どういった人（々）とどういった人（々）でしょうか。
・最高裁は、憲法14条1項の後段列挙事由に関し、法の下の平等との関係でどのように述べているでしょうか。

①

所属 ＿＿＿＿＿＿＿＿　＿＿年＿＿月＿＿日

番号 ＿＿＿＿＿＿　氏名 ＿＿＿＿＿＿

11 試験の問題形式の解法を考えよう——試験対策①

2 あとの解答例①～③は、下記の（修正された）最高裁決定を基に作られたある試験問題への答えです。それぞれの解答例から、どのような問題形式で、かつ、どういったことを問うた試験問題だったのか、下線①～③のヒントを参考に考えて作ってみましょう。

主　文
原決定を破棄する。
本件を東京高等裁判所に差し戻す。
1　事案の概要等
本件は，平成13年7月▲▲日に死亡したAの遺産につき，Aの嫡出である子（その代襲相続人を含む。）である相手方らが，Aの嫡出でない子である抗告人らに対し，遺産の分割の審判を申し立てた事件である。
原審は，民法900条4号ただし書の規定のうち嫡出でない子の相続分を嫡出子の相続分の2分の1とする部分（以下，この部分を「本件規定」という。）は憲法14条1項に違反しないと判断し，本件規定を適用して算出された相手方ら及び抗告人らの法定相続分を前提に，Aの遺産の分割をすべきものとした。
論旨は，本件規定は憲法14条1項に違反し無効であるというものである。
2　憲法14条1項適合性の判断基準について
憲法14条1項は，法の下の平等を定めており，この規定が，[1]事柄の性質に応じた合理的な根拠に基づくものでない限り，法的な差別的取扱いを禁止する趣旨のものであると解すべきことは，当裁判所の判例とするところである。
相続制度は，被相続人の財産を誰に，どのように承継させるかを定めるものであるが，相続制度を定めるに当たっては，それぞれの国の伝統，社会事情，国民感情なども考慮されなければならない。さらに，現在の相続制度は，家族というものをどのように考えるかということと密接に関係しているのであって，その国における婚姻ないし親子関係に対する規律，国民の意識等を離れてこれを定めることはできない。これらを総合的に考慮した上で，相続制

所属 ＿＿＿＿＿＿ 　＿＿年＿＿月＿＿日

番号 ＿＿＿＿＿＿ 　氏名 ＿＿＿＿＿＿

12 調査と引用の仕方を考えよう――リーガルリサーチ

1 あるテーマに基づいた文献を検索する方法として、次の検索方法に際して気をつけるべき点（または、なぜ問題なのか）を指摘した上で、自分であればどのように文献調査を行うのか考えてみましょう。

検索方法	気をつけるべき点、問題である点
Googleなどで検索ワードを入力する。	
とりあえず、書籍や雑誌が置いてあるであろう場所へ行き、手当たり次第文献を集める。	
職員の方に聞く。	
新聞の中から関連しそうな記事を探す。	

[正しい調査方法]

所属 ＿＿＿＿＿＿＿＿ ＿＿＿ 年 ＿＿ 月 ＿＿ 日

番号 ＿＿＿＿＿＿ 氏名 ＿＿＿＿＿＿

12 調査と引用の仕方を考えよう――リーガルリサーチ

3 次の書籍を参考文献として挙げる場合に、どのように表記しますか。

はじめての憲法学　第2版

2004年 1月10日　初版第1刷発行
2010年10月 1日　第2版第1刷発行
2013年11月10日　第2版第5刷発行

編著者　中　村　睦　男
発行者　株式会社　三　省　堂
代表者　北口克彦
印刷者　三省堂印刷株式会社
発行所　株式会社　三　省　堂
〒101-8371　東京都千代田区三崎町二丁目22番14号
電話　編集　(03)3230-9411
営業　(03)3230-9412
振替口座　00160-5-54300
http://www.sanseido.co.jp/

© M. Nakamura, 2010　Printed in Japan

落丁本･乱丁本はお取替えいたします。〈2版はじめての憲法学･272pp.〉

所属 ＿＿＿＿＿＿＿＿ ＿＿＿年 ＿＿月 ＿＿日

番号 ＿＿＿＿＿＿＿＿ 氏名 ＿＿＿＿＿＿＿＿

13 ゼミで報告しよう――レジュメの作り方

1 Aさんは、来月ゼミで報告することになりました。下記の文は、Aさんのレジュメ作成に関する思考プロセスを示したものです。問題点を少なくとも六つ抜き出して、何が問題なのかを指摘してみましょう。

私は外国人の選挙権について関心があるので、これをテーマにしよう。タイトルは、「外国人の選挙権」でいいかな。まずは、関連資料を集めないと。ネットの情報はあてにならないって聞いたから、ネットは一切使わずに全部紙媒体の資料を集めることにしよう。色々調べてみると、すでにいくつか判決がでていることがわかってきた。でも、判決の原文を読んでいる時間はないから、要約をしっかり読んでおこう。考えてみれば、教科書が一番まとまっているから、教科書を基にしてレジュメを作ろう。そういえば、報告時間は60分といわれているけど、長く話す分には問題ないだろうから、やる気があるところを見せるためにも80分くらい報告しよう。あれ、レジュメは自分でゼミのみんなの分を用意するのかな？　まあ、レジュメを作っておけば、あとは先生がみんなの分を印刷してくれるだろうから、当日は自分の分だけ持参すればいいかな。

所属 ＿＿＿＿＿＿ ＿＿年＿＿月＿＿日

番号 ＿＿＿＿＿＿ 氏名 ＿＿＿＿＿＿

13 ゼミで報告しよう――レジュメの作り方

大気汚染、水質汚濁、土壌汚染、騒音など
スギ花粉症は現在の日本において最も大きな被害をもたらしている公害であり、国民の25%が花粉症を患っている。
花粉症も公害だということを初めて知った。
花粉症を防ぐためにはマスクがいいと感じた。

4 次の記事（架空）を読み、どんな法的テーマが可能かを考えて、その考察方法につき、レジュメの素案を作ってみましょう。

［社説］ 公立学校の入学式や卒業式で君が代を斉唱する場面において、教職員の中には起立しない人がいるのを見かけたことがないだろうか。東京都教育委員会は公立学校に対して入学式などで君が代斉唱時に起立することを求める通達を出したが、これに反発する教職員がいるわけである。彼らに起立しない理由を聞くと、憲法19条が思想良心の自由

所属 ＿＿＿＿＿＿＿＿ ＿＿＿年 ＿＿月 ＿＿日

番号 ＿＿＿＿＿＿ 氏名 ＿＿＿＿＿＿

14 論述試験答案の書き方——試験対策②

1 妥当な答案構成となるよう以下の選択肢を並べ替えてみましょう。

ア 自説

イ 関連する条文の趣旨・内容

ウ 結論

エ 判例・学説の説明

オ 問題提起

カ 本問へのあてはめ

キ 判例・学説への批判

＿＿＿ → ＿＿＿ → ＿＿＿ → ＿＿＿ → ＿＿＿ → ＿＿＿ → ＿＿＿

2 テキストの【**課題2**】と同様の問題文に対する次の答案は、評価の低い答案例です。どこが間違っているのか指摘し、自分ならばどう書き直すか考えてみましょう。

所属 ＿＿＿＿＿＿＿＿　＿＿年＿＿月＿＿日

番号 ＿＿＿＿＿＿　氏名 ＿＿＿＿＿＿

14 論述試験答案の書き方――試験対策②

3 テキストの【**課題2**】を一行問題にする場合、どのような問題文になるでしょうか。以下の選択肢の中から、適切なものを選びなさい。

ア　生徒の教師に対する抵抗権について述べよ。

イ　生徒のおしゃれの自由とは何か説明せよ。

所属 ＿＿＿＿＿＿＿＿ ＿＿＿年 ＿＿月 ＿＿日

番号 ＿＿＿＿＿＿ 氏名 ＿＿＿＿＿＿＿＿

15 契約書を書いてみよう――リーガルトレーニング

1 次に挙げられた契約書に記載される事項を、右から選んで線で結んでみましょう（項目が重なる場合もあります）。

〈契約書の種類〉	〈契約書の事項〉
① 物品売買契約 •	• ア 契約内容を示す表題
	• イ 契約書を作成した日付
② 借地契約書 •	• ウ 契約当事者の氏名
	• エ 売買する物品の名称・数量・値段
③ 債権譲渡契約書 •	• オ 譲渡債権の特定
	• カ 敷金の扱い

2 Aさんのサークルは、学園祭で屋台をやることになり、Aさんが材料を購入する責任者になりました。近所の食料品店の店長Bさんとの会話から、裏面の契約書を作成してみましょう。

A：この秋に学園祭で、私のサークルは焼き鳥屋をやることになったので材料を注文したいのです。鳥肉と串、それに

所属 ＿＿＿＿＿＿＿＿　＿＿＿＿年＿＿月＿＿日

番号 ＿＿＿＿＿＿＿＿　氏名 ＿＿＿＿＿＿＿＿

15 契約書を書いてみよう――リーガルトレーニング

物品売買契約書

売主である①〔　　　　　　　　〕（以下甲という）と買主である②〔　　　　　　　　〕（以下乙という）との間に次のとおり売買契約を締結する。

(売買の目的)

第1条　甲は乙に対し、下記の商品（以下、本件商品という。）を金③＿＿＿＿＿＿円で売り渡すことを約し、乙はこれを買い受ける。

記

商品④＿＿＿＿＿＿＿＿　（単価⑤＿＿＿＿＿＿円）

(納品)

第2条　甲は乙に対し、本件商品を⑥＿＿＿＿＿＿までに、乙の指示に従い、指定の期日、指定の場所に納品する。

2　納品にかかる費用は、全て甲の負担とする。

所属 ＿＿＿＿＿＿＿＿＿＿＿＿ ＿＿＿＿ 年 ＿＿ 月 ＿＿ 日

番号 ＿＿＿＿＿＿ 氏名 ＿＿＿＿＿＿

発展問題用解答用紙

所属 ________________　________ 年 ____ 月 ____ 日

番号 ________________　氏名 ________________

発展問題用解答用紙

三省堂

大学生のための法学トレーニング
トレーニングシート

2014年 3 月10日 第 1 刷発行
2023年 1 月20日 第 3 刷発行

編著者：大林啓吾、岡田順太、白水 隆
発行者：株式会社 三省堂　代表者　瀧本多加志
印刷者：三省堂印刷株式会社
発行所：株式会社 三省堂
〒102-8371　東京都千代田区麴町五丁目7番地2
電話　(03) 3230-9411
https://www.sanseido.co.jp/

落丁本・乱丁本はお取り替えいたします。

ISBN978-4-385-36324-0
〈法学トレーニング・88＋32pp.〉

ことに対する怨恨の感情を充足する目的で、当該特定の者又はその配偶者、直系若しくは同居の親族その他当該特定の者と社会生活において密接な関係を有する者に対し、次の各号のいずれかに掲げる行為をすることをいう。

一　つきまとい、待ち伏せし、進路に立ちふさがり、住居、勤務先、学校その他その通常所在する場所（以下「住居等」という。）の付近において見張りをし、又は住居等に押し掛けること。

2　次の選択肢のうち、上記の法律（ストーカー規制法）に明らかに違反すると思われるものを一つ選びましょう。

ア　ヨリコは、付き合っていた時に貸していたお金を返してもらうために自宅を訪ねた。

イ　ヨリコは、一度フラれたが、もう一度だけ告白することにした。

ウ　ヨリコは、偶然を装って、毎日のように相手の自宅周辺をうろついた。

Y大学側の言い分となるものと、Xさんの反論となる記号を二つずつ選び、それぞれにつき、反論しましょう。

ア 医学部を卒業するためには6年かかり、気力や体力が持つか不安である。

イ 社会には多様な人材が必要であり、様々な視点から患者を診察できるようにした方がよい。

ウ 憲法は学問の自由に基づく大学の自治を認めている。

エ 憲法は法の下の平等を規定しており、何人も不合理な差別を受けない。

	記号		反論
Y大学側			
Xさん			

発展問題

1 テキスト〈第二幕〉では火傷に対する店の不注意が問題となっていましたが、アメリカには懲罰的損害賠償制度があり、大企業の不注意に対する高額の損害賠償が認められています。この制度を調べて、日本にも必要かどうかを考えてみましょう。

2 世界では、国ごとに未成年者の年齢が異なり、また飲酒や喫煙に関する規制内容も異なります。諸外国では、何歳まで未成年者なのか、そして未成年者に対する飲酒や喫煙の規制はどうなっているのか調べてみましょう。

④	名誉毀損免責要件	•	•	エ　違法にアップされている動画であることを知りつつそれを視聴した
⑤	プロバイダーの賠償責任免責要件	•	•	オ　①アップされている動画などが違法であった、②違法にアップされていることを知りつつダウンロードした
⑥	著作権侵害にならない場合	•	•	カ　①名誉毀損の表現を防止する措置を講じることができた、②他人の権利侵害がなされていることを知っていた

④ 自身が管理運営している、「法とは何か」とのタイトルがついた掲示板において、書き込みをしている人々の間で学問から離れた実名を掲げた人格攻撃やプライベートを暴露するようなコメントが見られたが、いちいち削除をするのが面倒だったため、放置することにした。

⑤ 自身が管理運営しているホームページのバックミュージックを探すために、色々な音楽がアップされている動画を視聴した。

⑥ 自身が管理運営している、「法とは何か」とのタイトルがついた掲示板において、書き込みをしている人々の間で学問から離れたコメントが見られたが、抽象的な内容であったことや、個人が特定されるようなものでなかったと判断したため、当該コメントを削除しなかった。しかし後にある利用者から、当該コメントは読む人が読めば誰かが特定できるため、そのような書き込みを削除しなかったことに対して損害賠償請求がなされた。

エ 刑法230条1項（名誉毀損）

オ プロバイダー責任制限法
（プロバイダーが責任を負わない場合）

カ 刑法230条の2第1項
（公共の利害に関する場合の特例）

う業者が来て、法律で消火器購入が義務化されたといわれ、信じて契約したが、嘘だとわかったので解約したい。

④ 大学の先輩から化粧水の販売先を2人紹介すれば手数料が得られるといわれ、商品を大量に購入させられたが、紹介先が見つからず解約したい。商品と契約書が15日前に届いた。

⑤ 大学の先輩から化粧水の販売先を2人紹介すれば手数料が得られるといわれて紹介したが、一向に手数料が振り込まれず、販売企業は倒産し、先輩は夜逃げした。紹介した友人からは代金の返還を求められているが現金がないので示談がしたい。

ウ 民法に基づく詐欺取消し事由に該当するので、内容証明郵便で業者に解約通知を送付する。

エ 適用可能な法律はなさそうだが、国民生活センターか消費生活センター、法テラス、弁護士など専門家に相談してみる。

商品名　○○○○

販売者　栃木県宇都宮市荒山町2－4－6

株式会社　△△

上記契約を解除しますので、通知します。

平成25年○月×日

購入者

住所　千葉県幕張区本郷10－4

氏名　船橋　学

② 賃貸借契約…当事者の一方が相手方に対して、ある物を使用収益させることを約し、これに対してその相手方が賃料を支払うことを約する契約　〈例〉「月5万円でアパートを借りる」

③ 消費貸借契約…当事者の一方が金銭その他の代替物を相手方から受け取り、後にこれと同種・同等・同量の物を返還することを約する契約　〈例〉「父親から千円借りる」

④ 使用貸借契約…当事者の一方が無償である物を使用・収益をした後に返還をすることを約して、相手方からある物を受け取ることを内容とする契約　〈例〉「友人から六法を借りる」

⑤ 贈与契約…当事者の一方が自己の財産を無償で相手方に与える意思を表示し、これを相手方が受諾をする契約
〈例〉「祖父が孫に土地を与える」

① Xが酔った勢いでYに全財産を譲渡することを約束した。

② Xが自分の娘をYに100万円で売ると伝え、Yも承諾した。

③ Xが自分の所有する土地をYに100万円で売ると伝え、Yも承諾した。

④ Xが他人であるZの所有する土地を100万円でYに売ると伝え、Yも承諾した。

⑤ Xが密輸した拳銃をYに100万円で売ると伝え、Yも承諾した。

⑥ Xが絵画を100万円でYに売ると伝え、Yも承諾した。ところが、その絵画はすでに火事で消失していたのに、XもYもそのことを知らなかった。

3 次の文を読み、A君が刑事責任を負わなくてもいいような理屈を考えましょう（参考法令を活用すること）。

ある日、挙動不審の男が駅の構内でナイフを持って暴れだし、次々と周りの人間を切りつけ始めた。男は、偶然そこに居合わせたA君にも向かってきたので、A君はすぐに逃げ始め、夢中で逃げるあまり途中で子供にぶつかった。子供は転倒して骨折したが、幸い男はもう追ってこなかったので、A君と子供は男に襲われずにすんだ。A君は子供を突き飛ばして怪我を負わせたので、刑法上の罪に問われる可能性がある。

〈参考法令〉

刑法第37条

1　自己又は他人の生命、身体、自由又は財産に対する現在の危難を避けるため、やむを得ずにした行為は、これによって生じた害が避けようとした害の程度を超えなかった場合に限り、罰しない。ただし、その程度を超えた行為は、情状により、その刑を減軽し、又は免除することができる。

②

③

発展問題

1　身近なニュースの中から法的責任が問題となっている事件を選び、その因果関係を説明しなさい。

3 以下の（　）に、「又は」、「若しくは」のいずれかが入ります。適切な語句を入れなさい。

刑法第204条

人の身体を傷害した者は、十五年以下の懲役（　①　）五十万円以下の罰金に処する。

刑法第174条

公然とわいせつな行為をした者は、六月以下の懲役（　②　）三十万円以下の罰金（　③　）拘留（　④　）科料に処する。

①＿＿＿＿　②＿＿＿＿　③＿＿＿＿　④＿＿＿＿

4 以下の（　）には「及び」か「並びに」のどちらかが入ります。適切な語句を入れなさい。

民法第847条　次に掲げる者は、後見人となることができない。

四　被後見人に対して訴訟をし、又はした者（　①　）その配偶者（　②　）直系血族

①＿＿＿＿　②＿＿＿＿

（2）　あなたは法務大臣だと仮定して、自分の在任中に死刑を命じたくないと考えているとします。このとき、この条文について、どんな解釈をすれば、死刑執行の命令を出さずにすみますか？

7　以下の条文を読み、問いに答えなさい。

> 民法第94条　相手方と通じてした虚偽の意思表示は、無効とする。
> 2　前項の規定による意思表示の無効は、善意の第三者に対抗することができない。

＊善意……ある事情を知らないこと

（1）　この条文を文理解釈すると、どんな命題が出てきますか？

（2）　Cは、Bに不動産の名義があると信じこんで、Bと不動産の売買契約を行った。これに対し、本来の名義人であるAはその契約の無効を主張することができるかを考えなさい。

理　由

　上告人は大阪市にある飲食店「クラブ丸玉」の女性従業員の歓心を買うため、将来、独立して店を持つのであれば資金1億円を援助する旨の約束をした。しかし、原審の判示の通り、上告人はその店に数ヶ月間から通い始め、被上告人である女性従業員とは比較的短期間、私的に交際をしたに過ぎないのであって、深い縁故が生じた訳でもない。そういう状況にあって、一時の酒の勢いで被上告人の歓心を買うために、相当多額な金員の供与を約束した場合において、裁判上の請求権が被上告人に付与されたと解するのは相当ではない。約束した側から進んで債務の弁済をすることはあっても、相手方から履行の強制を求めることができない特殊の債務関係を生じると解するのが、原審認定の事実に合致するものと解される。原審の判示するように、民法上の贈与契約が成立したかどうかを判断するためには、贈与意思の基本事情について更に肯定しうる格段の事由を審査することを要する。したがって、原審がそうした格段の事由を判示せずして、当該契約に基づく被上告人の請求を認容したことは、未だもって審理を尽くさないものであって、少なくとも格段の事由を認めるに足りる理由を示していない。

ア　原告の請求を棄却する。

イ　被告は原告に対し、金1億円を支払え。

ウ　被告人を懲役3年に処する。

エ　被告人は無罪。

オ　上告を棄却する。

カ　原判決を破棄する。本件を原審に差し戻す。

2 条例の制定過程を、以下のヒントを基に、次ページの解答欄に図式化してみましょう。

〈ヒント〉

① まず、自治体の長または議員が提案します。

② 次に、その提案を受け、審議が行われ、その後可決されれば条例は成立となります。

③ その後、議長が長に送付し、長が公布することで、条例の効力が生じます。

④ 公布と施行についても考えてみましょう。

2 次の文を読み、下の図（項目）を使って、移動させたり、矢印などでつないだりして、わかるように整理してみましょう。

憲法は基本的人権を保障しているが、その基本的な対象は国民である。ただし、外国人であっても、性質上可能な限り人権を持つと理解されている。例えば、国政レベルの参政権について、判例は外国人には認められないと判断している。ただし、学説上は賛否両論があり、肯定説は判例を批判している。

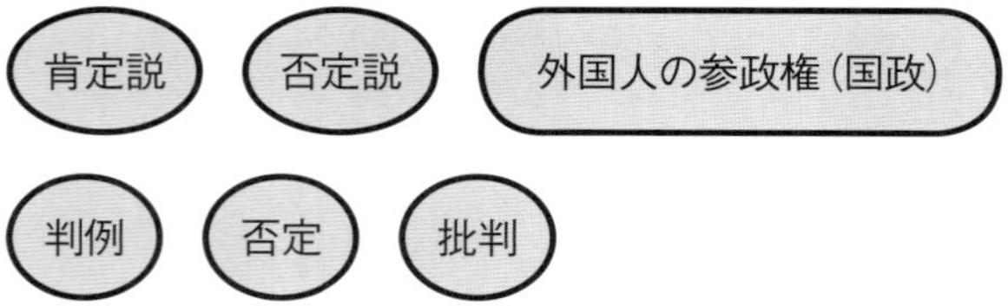

五　動産の損料に係る債権

①	②	③	④

発展問題

1　他の法学関連の授業に出て、ノートをとってみましょう。

③　刑法「刑法9条が定める刑罰には、死刑、懲役、禁錮、拘留、罰金、科料及び没収がある。このうち没収だけが付加刑であり、残りが主刑である。」

刑法9条が定める主刑。（6つ）	

[2]　次の論証カードのタイトル欄と項目欄を埋めてみましょう。

No.7 − 002	〈タイトル欄〉
〈項目欄〉	憲法14条1項の「平等」とは、一切の差別的取扱いを禁止するものであろうか。 ↓確かに 平等権は、人格価値の平等を前提とするので、「平等」とは、すべての者を全く同一に取り扱うことを要求する**（形式的平等）**かにも思える。 ↓しかし 人格を支える生活環境には個人差がある。これを無視して形式的に同一の取扱いをすることは、かえって人格価値の不平等を招く。 ↓従って ここでいう「平等」とは、各個人の特質に応じて合理的差別を許すもの**（実質的平等）**と解すべきである。 以　上

	↓確かに
反対説	憲法93条2項の規定する「住民」は、憲法10条の「国民」を前提にしており、外国人が含まれないと解することもできよう。
	↓しかし
反対説批判	
	↓従って
結論	

②

③

否かということであり，立法府に与えられた上記のような裁量権を考慮しても，そのような区別をすることに合理的な根拠が認められない場合には，当該区別は，憲法14条1項に違反するものと解するのが相当である。

（中略）

そして，法律婚という制度自体は我が国に定着しているとしても，上記のような認識の変化に伴い，上記制度の下で父母が婚姻関係になかったという，③子にとっては自ら選択ないし修正する余地のない事柄を理由としてその子に不利益を及ぼすことは許されず，子を個人として尊重し，その権利を保障すべきであるという考えが確立されてきているものということができる。

以上を総合すれば，遅くともAの相続が開始した平成13年7月当時においては，立法府の裁量権を考慮しても，嫡出子と嫡出でない子の法定相続分を区別する合理的な根拠は失われていたというべきである。

したがって，本件規定は，遅くとも平成13年7月当時において，憲法14条1項に違反していたものというべきである。

「解答例①」　憲法14条1項は、等しい者は等しく、異なる者は異なって扱うことを要求している概念である。

「解答例②」　×（嫡出性は憲法14条1項の後段列挙事由に列挙されていないから。）

「解答例③」　ウ（憲法14条1項後段列挙事由に共通する要素は、自らの力ではどうしようもできないというものである。）

①

②

③

2 次の語を並べ替えて、出典として書く際の適切な表記にしてみましょう。

① 2006年・大沢秀介＝小山剛編著・慶應義塾大学出版会・岡田順太・『東アジアにおけるアメリカ憲法―憲法裁判の影響を中心に』・255－291頁・「結社の自由の過去・現在・未来――アメリカ憲法裁判の視点から」

② 『アメリカ憲法と執行特権』・2008年・大林啓吾・成文堂・50頁。

③ 第3号・法学論叢・「憲法上の平等権概念と間接差別（一）」・白水隆・第170巻・109頁・2011年。

発展問題

1 担当教員の指示に従って、実際に図書館で調べてみましょう。

2 次の文は、レジュメの一部です。適切と思われる順番に並び替えてください。

ア プライバシーの権利は、憲法上明文の規定がないものの、最高裁はこれを肯定する態度をとっている。当初、「プライバシー」という言葉は使用していなかったが、最近では「プライバシー」という言葉を使うようになってきている。

イ 最近、いたる所に監視カメラが設置されるようになってきている。カメラに撮影されてしまった場合、誰が、どのように利用し、どうやって管理しているのだろうか。また、勝手に他人の姿を撮影することは、何らかの法的権利を侵害しないのであろうか。

ウ 監視カメラがプライバシーの権利を侵害するか否かは、設置の目的、撮影対象、その射程などを考慮した上で、そこで必要となる利益と、設置によって侵害されるプライバシーの利益とを比較衡量して判断すべきではないだろうか。

エ プライバシーの権利は、「1人で放っておいてもらう権利」として登場したが、その後自分の情報を自ら管理するという「自己情報コントロール権」の意味を持つようになってきた。プライバシーの権利が存在するとすれば、監視カメラはそれを侵害する可能性がある。

＿＿＿ → ＿＿＿ → ＿＿＿ → ＿＿＿

3 次のレジュメは、B君が作成したレジュメです。これを見て、問題点を最低六つ指摘してみましょう。

公害と法

公害（こうがい）とは、経済合理性の追求を目的とした社会・経済活動によって、環境が破壊されることにより生じる社会的災害である。

環境基本法第2条第3項に列挙されている七つの公害を俗に「典型七公害」と呼ぶ。

るそうだ。だが、一方で、仕事の一環なんだから個人的な理由で立たないのはおかしいのではないかといった意見もある。学校によっては、校長が起立命令を出し、それでも従わない教職員に対しては懲戒処分を下しているところもある。この問題をめぐってはすでに最高裁の判断がいくつか出ており、起立命令は思想良心の間接的制約になるとしながらも、違憲とはいえないとの判断を下している。

テーマ	
問題意識	
概　要	
論　点	
分　析	
結　論	

発展問題

1　あなたの関心のある法的問題についてレジュメを作ってみましょう。

2　1で作ったレジュメを基に、パワーポイントを利用して、スライドショーを作ってみましょう。

私は、この校則は違憲だと思う。確かに、中学生である以上、校則に従う必要はあるが、短髪にしなければならないというのは、Xにとってかわいそうな気がする。

学校側からすれば、校則は非行やいじめ防止のためであり、理由もなく短髪を強制しているわけではないだろう。でも、だったら、学校は、非行にはしっている生徒をその都度注意すればよくて、男子生徒全員に短髪を強制することは明らかにおかしいと考える。

加えて、憲法は、13条で、「生命、自由及び幸福追求に対する国民の権利については、公共の福祉に反しない限り、立法その他の国政の上で、最大の尊重を必要とする」と規定し、この点、人格的利益説が通説だ。

本問では、Xの髪型というXにとってまさに人格的利益に不可欠なことが問題となっているのだから、憲法13条の保障が及ぶものと考える。

よって、この校則は違憲である。

次ページに続く。

エ　髪型の自由について論じなさい。

オ　学校内の秩序と校則の関係性について論じなさい。

発展問題

1　担当教員が指示する事例問題について、答案構成をした上で、実際に答案を書いてみましょう。

B：毎度ありがとうございます。学園祭で屋台を出すなら、業務用の冷凍パックが安いですよ。50本入りで1箱3,990円というのがあります。どのくらい売るんですか。

A：5本セットで100食分を考えていますので、ええっと、10箱分お願いできますか。

B：じゃあ、税込みで39,900円です。三省大学さんに持っていけばいいですね。運送費はこちらで負担します。

A：準備があるので、前日にお願いできますか。10月20日です。去年の先輩たちは、たこ焼き屋をやったんですが、当日、たこを開けたら腐っていたらしく、今年はその場で商品のチェックをするようにいわれました。

B：まあ、うちの店は品質管理は大丈夫ですよ。でも、心配ならその場で検査して、腐っているようなら交換しますよ。引渡し後の管理は負いかねますけどね。

A：大学の食堂の冷凍庫が借りられるので大丈夫です。支払いはどうしましょうか。

B：納品した日から3日以内の後払いでいいですよ。三省大学の学生さんなら信用できますから。でも、支払いに遅れるようでしたら、法定利息（年5%）もつけてもらいますけどね（笑）。

A：ありがとうございます。念のため、契約書を作成してみますね。

第3条　乙は＿＿条第＿＿項の納品時に、本件商品の検査を行うこととし、これに合格したものについてのみ引渡しを受けるものとする。

2　本件商品の所有権は、前項の引渡しがあったときに、甲から乙へ移転する。

（引取り）

第4条　甲は、本件商品のうち⑨＿＿条第⑩＿＿項の検査で合格しなかった商品（以下、不合格品という。）を、自己の費用をもって引き取るものとする。

（危険負担）

第5条　第⑪＿＿条第⑫＿＿項の引渡し前に生じた本件商品の滅失、毀損、変質等による損害については、乙の責めに帰すべきものを除き、甲の負担とし、引渡し後に生じたこれらの損害については、甲の責めに帰すべきものを除き、乙の負担とする。

（支　払）

第6条　乙は、本件商品の引渡しを受けた日から⑬＿＿日以内に、その代金を支払うものとする。

（遅延損害金）

第7条　乙が売買代金の支払いを怠ったときは、乙は、甲に対し、支払期日の翌日より完済まで、⑭＿＿の割合による遅延損害金を支払うものとする。

上記契約を証するため、本契約書2通を作成し、甲乙各自記名押印して、各1通を所持する。

平成25年　7月25日

住所　東京都千代田区神田寿町1丁目1番地

甲　株式会社B商店　㊞

住所　東京都八王子市城東359番地　大塚コーポ201号室

乙　三省大学WWテニスクラブ　企画幹事　A　㊞